Zu diesem Buch

Dieses Buch begleitet alle Frauen, «die zu sehr lieben», an jedem Tag des Jahres mit einem kurzen, schmuckvoll gestalteten Text auf ihrem Weg zu einer gesünderen Einstellung zum Leben und zur Liebe. Robin Norwood hat dafür die verschiedenen Aspekte und Anregungen aus dem Selbsthilfeprogramm ihres Bestsellers *Wenn Frauen zu sehr lieben* zusammengestellt und ermuntert alle Betroffenen, in kleinen Schritten, mit klarem Kopf, mit Gelassenheit und Humor ihr Leben in eine neue Richtung zu lenken.

Autorin

Robin Norwood, Jahrgang 1945, ist verheiratet und hat zwei Kinder. Sie unterhält als staatlich anerkannte Ehe-, Familien- und Kindertherapeutin eine private Praxis in Santa Barbara, Kalifornien, und hat sich sowohl auf die Behandlung von neurotischen Beziehungsmustern als auch auf die Therapiemöglichkeiten bei Alkohol- und Drogenabhängigkeit, Eßsucht und Depressionen spezialisiert. Im Rowohlt Taschenbuch Verlag sind bereits erschienen: *Wenn Frauen zu sehr lieben* (Nr. 9100), *Briefe von Frauen, die zu sehr lieben* (Nr. 9155) und *Warum gerade ich?* (Nr. 60126).

Für Barb A., die die Saat pflanzte

Einleitung

Die Idee zu diesem Buch entstand im Gespräch mit einer Frau, der die Lektüre von *Wenn Frauen zu sehr lieben* sehr geholfen hatte. Sie erwähnte, daß ihr ein Buch mit täglichen Meditationen ein hilfreicher Wegbegleiter bei der Überwindung ihrer lebenslangen suchthaften Beziehungsmuster gewesen wäre.

Das Ergebnis dieser Anregung halten Sie nun in Ihren Händen – ein Erste-Hilfe-Büchlein, das Sie auf Ihrem Weg zu einer gesünderen Einstellung zum Leben und zur Liebe begleiten und Ihnen helfen soll, dabei einen klaren Kopf, Gelassenheit und Humor zu bewahren.

Die meisten Gedanken auf diesen Seiten sind kurz und knapp gehalten – kleine Bausteine einer neuen Denkweise, passend zu den kleinen Schritten, die wir tun, um unser Leben ganz allmählich in eine neue Richtung zu lenken.

Robin Norwood
Santa Barbara
März 1997

1. Januar

Wenn Liebe für uns gleichbedeutend mit Leiden ist, dann lieben wir zu sehr.

2. Januar

Zu-sehr-Lieben beginnt dort, wo eine Frau einen Partner liebt, der nicht zu ihr paßt, der sich gleichgültig verhält oder unerreichbar ist, sie sich aber dennoch nicht von ihm lösen kann – ja, ihn gerade deshalb um so mehr will und braucht.

3. Januar

Natürlich kann man sich in seinem Liebesleben hin und wieder irren. Was es aber auch gibt, ist die ganz reale Krankheit der Beziehungssucht.

4. Januar

Immer wenn wir versuchen, dem anderen eine Lösung für sein Problem aufzudrängen, lieben wir zu sehr.

5. Januar

Als Frauen, die zu sehr lieben, handeln wir so, als würden Liebe, Aufmerksamkeit und Anerkennung nur dann etwas zählen, wenn wir es schaffen, sie Männern abzuringen, die uns diese Dinge nicht bereitwillig geben, weil sie zu sehr mit ihren eigenen Problemen und Interessen beschäftigt sind.

6. Januar

Ebenso wie Eßsüchtige müssen Frauen, die zu sehr lieben, lernen, vernünftig und maßvoll das zu tun, was sie früher zwanghaft taten. Weil Nahrung und Liebesbeziehungen zu einem normalen Leben dazugehören, gibt es hier keine klaren und einfachen Abstinenzregeln.

Bei der Überwindung dieser Süchte geht es also nicht um Schwarz oder Weiß, sondern um graduelle Änderungen unseres bisherigen Zustands oder Verhaltens.

7. Januar

Ein Anfang ist gemacht, wenn wir *willens* sind, jene Energie und Mühe, die wir bislang darauf verwendet haben, den anderen zu verändern, darauf lenken, uns selbst zu verändern.

8. Januar

Um sich wieder wohl zu fühlen, müssen Sie davon loskommen, zu sehr zu lieben. Wenn Ihr Leid ein Ende hat, kann Ihre Genesung andere dazu ermutigen, auch diesen Weg einzuschlagen.

Genesung kann ebenso ansteckend sein wie Sucht und Co-Abhängigkeit.

9. Januar

Wenn wir aufhören wollen, zu sehr zu lieben, müssen wir zuallererst unser Handeln verändern, dann unser Denken und zuletzt unser Fühlen. Wenn wir darauf warten, uns anders zu fühlen, bevor wir uns anders verhalten, werden wir uns niemals ändern und nie gesund werden.

10. Januar

Keine von uns hat es mit einer neuen Form des schrecklichen Geheimnisses oder entsetzlichen Verlustes zu tun. Die Geheimnisse, die wir hüten, verhüten, daß wir gesund werden.

11. Januar

Es ist unverantwortlich und bequem, wenn wir unsere Kindheit als *Entschuldigung* für ungesunde Verhaltensweisen, Einstellungen oder Eigenschaften, die wir heute an den Tag legen, anführen.

Die schwierigen Umstände und unglücklichen Auswirkungen dieser Kindheitsjahre sind der *Schlüssel* zu eben jenen Dingen, die wir in diesem Leben erfahren, überwinden, verstehen und verzeihen sollten.

12. Januar

Schmerz ist der weiseste Lehrmeister, der an unsere Tür klopft.

13. Januar

Man kann ein Problem nicht durch *Selbsthilfe* lösen, solange das *Selbst*, das die *Hilfe* zu erbringen versucht, noch leidet.

Was wir brauchen, ist daher spirituelle Hilfe statt Selbsthilfe. Erbitten wir Gottes Wille, anstatt uns weiter von unserem Eigenwillen leiten zu lassen.

14. Januar

Niemand kann uns die Arbeit ersparen, die unsere Seele von uns verlangt. Die Probleme fangen an, wenn wir versuchen, diese Arbeit zu vermeiden oder zu verschieben.

15. Januar

Wir haben vielleicht als Kind gelernt, daß Beten unsere Hingabe zu Gott beweist – und daß unsere Bitten an ihn am ehesten erfüllt werden, wenn er von unserer Lauterkeit überzeugt ist.

Auch wenn wir als Erwachsene differenzierter denken, hat sich an unserer Einstellung zum Beten im Kern vielleicht nicht viel geändert.

Wir beten aber nicht, um Gott zu besänftigen und uns seine Gnade zu erhalten, damit wir bekommen, was wir wollen. Unsere höhere Macht zwingt uns nicht zum Beten, ist nicht verärgert oder enttäuscht, wenn wir es nicht tun. Wir brauchen uns nicht schuldig zu fühlen, wenn wir nicht beten. Ob wir es tun oder nicht, bleibt ganz uns selbst überlassen.

Wenn wir beten, so ist dies eine Hinwendung zu einer Tiefe an Liebe, Weisheit, Verständnis und Führung, welche weit größer ist, als es unsere Persönlichkeit hervorzubringen vermag.

Wenn wir beten, holen wir uns Hilfe

von einer Macht, die für uns tun kann, was wir allein nicht schaffen.

Wenn wir beten und dabei unseren Willen auf den Willen unserer höheren Macht ausrichten, bekommen wir unser Leben automatisch besser in den Griff und erlangen mehr Freiheit, mehr Gelassenheit und mehr Frieden.

16. Januar

Kein anderer Lebensbereich bringt Frauen, die clean und trocken sind, so sehr in «Rutschgefahr» wie Beziehungen. Wenn trockene Alkoholikerinnen ausrutschen, so meistens wegen Männern.

17. Januar

Wir können auch unsere Kinder zu sehr lieben. Wenn jemand allzu für-sorglich zu seinem Kind ist, so trägt dieses Kind die Last, für das Wohl-ergehen dieses Elternteils verantwort-lich zu sein.

18. Januar

Manchmal sind wir traurig, wenn Menschen weggehen, Zustände sich verändern oder Dinge entfernt werden, die wir niemals freiwillig aufgeben würden, weil wir den höheren Sinn noch nicht erkennen, den diese Veränderungen für uns haben.

19. Januar

Eine der schwierigsten Aufgaben bei Ihrer Genesung ist es zu lernen, *nichts* zu sagen und zu tun. Wenn das Leben des Partners chaotisch ist, wenn alles in Ihnen danach schreit, das Ruder zu übernehmen, ihm mit Rat und Tat zur Seite zu stehen, die Situation in allen möglichen Aspekten zu manipulieren, genau dann müssen Sie lernen, stillzuhalten, diesen Menschen so zu respektieren, daß Sie ihm seinen eigenen Kampf lassen und ihn nicht an sich reißen. Ihre eigentliche Aufgabe ist vielmehr, sich Ihren eigenen Ängsten davor zu stellen, was mit ihm oder Ihrer Beziehung passieren mag, wenn Sie aufhören, über alles zu bestimmen – und dann daran zu arbeiten, diese Ängste zu überwinden, anstatt ihn zu manipulieren.

20. Januar

Beziehungen zwischen gleichgeschlechtlichen Partnern weisen teilweise sehr suchthafte Züge auf.

21. Januar

Als Frauen, die zu sehr lieben, genießen wir vielleicht sogar unsere Hauptrollen in den wiederkehrenden Dramen und Melodramen, die unser Leben ausmachen.

Zu glauben, unsere Kindheit sei die *traurigste*, unser Liebhaber der *gefährlichste*, unser Erlebnis das *schrecklichste*, kann zur Methode werden, um sich wichtig zu fühlen und von anderen beachtet zu werden. Dagegen mag uns eine Heilung eher fad vorkommen.

22. Januar

Wenn wir aufhören, zu sehr zu lieben, löst das nicht zwangsläufig unsere Beziehungsprobleme. Aber wir beseitigen ein Hindernis, das einer gesunden und produktiven Auseinandersetzung mit normalen Problemen immens im Wege steht.

23. Januar

Unser wichtigstes Ziel sollte es sein, unseren eigenen Seelenfrieden und unser eigenes Wohlergehen zu schützen, und nicht, den richtigen Mann zu finden. Nur so können wir einen Gefährten aussuchen, der uns guttut. Denn je besser wir unsere eigenen Wunden heilen und je weniger wir von einem Partner *brauchen*, desto eher wird es uns gelingen, jemanden auszuwählen, der selbst nicht so geschädigt und bedürftig ist.

24. Januar

Unsere Bedürfnisse lassen sich auf vielerlei Art stillen, wenn wir nur unseren Eigensinn, unser Selbstmitleid und die Vorstellung aufgeben, wir müßten alles Glück dieser Welt aus einer bestimmten Quelle – einem Mann zum Beispiel – schöpfen.

25. Januar

Ein Hauptmerkmal suchthafter Liebe ist eine extrem starke Abhängigkeit vom Partner, die oft hinter einer Maske scheinbarer Stärke versteckt ist.

26. Januar

Wenn ein Mensch, den Sie lieben, in Schwierigkeiten steckt, sollten Sie sich fragen: «Wessen Problem ist das?»

Ihr eigentliches Problem ist nicht, daß ein geliebter Mensch in Schwierigkeiten steckt, sondern Ihre *Gefühle*, wenn Sie diesem Menschen bei seinem Kampf zusehen. Wenn Sie nicht aufhören können, die Sache selbst in Ordnung bringen zu wollen, sollten Sie vielleicht aufhören, ihm dabei zuzusehen.

27. Januar

Wenn Sie sich davon lösen, Kontrolle über Ihre Mitmenschen auszuüben, empfinden Sie dies vielleicht fast körperlich wie einen Sturz ins Nichts. Das Gefühl, keine Kontrolle über sich selbst zu haben, wenn man andere losläßt, kann erschreckend sein. Hier kann Ihnen eine spirituelle Übung wirklich helfen, denn damit entlassen Sie niemanden ins Leere, sondern können die Kontrolle über sich selbst und diejenigen, die Sie lieben, an eine höhere Macht abgeben.

28. Januar

Menschen, die süchtig danach sind, gebraucht zu werden, können andere tatsächlich an ihrer persönlichen Weiterentwicklung hindern, indem sie nämlich zuviel Verantwortung dafür übernehmen, dies herbeizuführen.

Denken Sie daran: Der Weg des anderen ist in Gottes Hand, *ebenso wie der Ihre.*

29. Januar

Ihre Gefühle der Sinnlosigkeit und Verzweiflung rühren zum Großteil unmittelbar daher, daß Sie versuchen, zu regeln und zu kontrollieren, was Sie nicht regeln und kontrollieren können – ihn und sein Leben. Denken Sie nur daran, womit Sie es schon alles versucht haben: mit endlosen Vorträgen, Bitten und Flehen, Drohungen, Bestechungen, vielleicht sogar mit Gewalt. Und denken Sie auch daran, wie Sie sich nach jedem gescheiterten Versuch gefühlt haben. Ihre Selbstachtung war wieder ein Stück gesunken, Sie waren noch besorgter, noch hilfloser, noch zorniger. Der einzige Ausweg ist loszulassen, denn er wird sich kaum jemals ändern, solange Sie ihn unter Druck setzen. Selbst wenn er schließlich verspricht, sein Verhalten um Ihretwillen aufzugeben, werden Sie später feststellen, daß er es genauso Ihnen zuschreibt, wenn er wieder damit anfängt.

30. Januar

Für so viele von uns liegt der Schlüssel zur Heilung darin, daß wir lernen müssen, das Gegenteil von dem zu tun, was wir immer getan haben.

31. Januar

Lernen Sie zu leben, ohne sich auf einen Mann als Ihr Problem oder als die Lösung Ihres Problems zu fixieren.

1. Februar

Die beste Vorbereitung für Ihre Zukunft ist es, sich selbst und alle, die zu Ihrem Leben gehören, besser verstehen und akzeptieren zu lernen.

2. Februar

Wir machen einen großen Fehler, wenn wir bei unserer höheren Macht einen bestimmten Mann, eine bestimmte materielle Sache oder ein bestimmtes Ergebnis «anfordern», da wir niemals so gut wie diese höhere Macht wissen können, was wirklich zu unserem größten Wohl ist.

Ihre Affirmationen, also die bejahenden Lebensaussagen, die Sie üben sollten, sollten stets Einladungen zu spiritueller Bereicherung und Führung sein, anstatt eigenwillige Forderungen nach diesem oder jenem Gegenstand, Ereignis oder Menschen.

3. Februar

Wenn Sie eine Auseinandersetzung mit jemandem führen, von dem Sie eine ganz bestimmte Art der Reaktion brauchen, so ist dies keine Auseinandersetzung – es ist ein Betteln, vielleicht mit Wut durchmischt.

Je mehr man eine bestimmte Reaktion von jemandem braucht, desto mehr macht man das eigene Wohlergehen von dieser Person abhängig – und desto eher stößt man beim anderen nur noch auf Abwehr.

4. Februar

Beten Sie um den Willen, die Kraft und den Mut, sich Ihre Vergangenheit – und Ihre Rolle darin – ehrlich zu betrachten.

Unsere Psyche hört solche Ordnungsversuche und hilft mit, indem sie vergrabenen alten Schmerz zutage fördert, damit wir ihn auf der bewußten Ebene bewältigen können.

Sobald Sie echt und ehrlich bereit sind, der Vergangenheit zu verzeihen, gelangen Sie zu einer neuen Verständnisebene, und der mit dieser Vergangenheit verbundene Schmerz läßt nach.

5. Februar

Die Genesung von der Sucht, zu sehr zu lieben, ist eine sehr anstrengende spirituelle Arbeit, bei der wir unseren alten Ärger, der uns oft lieb und teuer geworden ist, und unsere Selbstgerechtigkeit aufgeben müssen.

6. Februar

Während unsere Seele ihre Lektionen zu lernen versucht, um vollkommener zu werden, sucht sie sich die Lebensumstände aus, die ihr dies ermöglichen. Aus eben diesem Grund steht in keiner spirituellen Lehre geschrieben, ein anderer sei schuld an unserem momentanen Zustand.

7. Februar

Wenn Sie aufhören, sich um ihn zu kümmern und sich statt dessen um sich selbst kümmern, wird Ihr Lebenspartner vielleicht sehr ärgerlich werden und Sie beschuldigen, ihn fallengelassen zu haben. Dieser Ärger entsteht aus seiner Panik, weil er nun selbst die Verantwortung für sein Leben übernehmen muß. Solange er mit Ihnen kämpfen kann, Versprechungen machen oder versuchen kann, Sie zurückzugewinnen, findet die Auseinandersetzung außerhalb seiner Person statt – mit Ihnen. Geben Sie ihm sein Leben zurück und übernehmen Sie Ihr eigenes wieder.

8. Februar

Menschen mit suchtartigen Beziehungsmustern gehen manchmal lieber Phantasiebeziehungen ein, als sich auf reale, lebendige Menschen einzulassen.

Wer sich auf unerreichbare Personen fixiert, geht den Prüfungen echter Nähe effektiv aus dem Weg.

9. Februar

Wut und Haß gegen einen anderen Menschen fesseln uns wie mit Eisenketten an ihn.

Wenn wir nicht vergeben können, werden wir in diese ungute Beziehung zurückkehren oder neue der gleichen Art eingehen und unser persönliches Drama immer wieder neu inszenieren.

Wenn wir aber verzeihen und um Verzeihung bitten (oder wiedergutmachen, was geschehen ist), lassen wir andere frei und werden freigelassen.

10. Februar

Wenn unsere Seele verzeihen lernen soll, müssen wir erst das Unverzeihliche erfahren. Was gäbe es sonst zu lernen?

Vergeben wir also all den Männern (und den Frauen), mit denen wir jemals gekämpft und gestritten haben, und bitten sie, zumindest im Herzen, auch *uns zu vergeben.*

Wenn wir vergeben, *geben* wir Gutes für Schlechtes und haben unsere Lektion gelernt.

11. Februar

Wenn eine Frau, die zu sehr liebt, ihren Kreuzzug aufgibt und nicht mehr versucht, den Mann in ihrem Leben zu ändern, so bleibt ihm nun nichts anderes übrig, als über die Konsequenzen seines Tuns selbst nachzudenken. Daß sie nicht mehr frustriert und unglücklich ist, sondern immer lebensfroher wird, verstärkt den Kontrast zu seiner eigenen problembelasteten Existenz. Ganz gleich, wie er dann weitermacht, eine Frau, die ihren Partner so akzeptiert, wie er ist, macht sich frei, ihr eigenes Leben zu leben, wie sie es will – glücklich bis ans Ende ihrer Tage.

12. Februar

Verzeihen bedeutet nicht, sich wieder verletzen zu lassen. Es bedeutet unter anderem, sich loszulösen und so das Benehmen eines anderen uns gegenüber nicht so persönlich zu nehmen.

Verzeihen zu können macht uns beileibe nicht zu schwachen Menschen, die sich von anderen treten lassen. Vielmehr macht es uns frei, so daß wir uns nie wieder schlecht behandeln lassen müssen.

13. Februar

Jedes Suchtleiden, auch die Sucht, zu sehr zu lieben, verstößt gegen das eigene Wertesystem. Gleichzeitig ist man aber nicht mehr fähig, sein Verhalten aus eigener Kraft zu ändern. Da hilft nur, den Eigenwillen aufzugeben und einen höheren Willen um Hilfe anzurufen.

14. Februar

Wir Frauen, die zu sehr lieben, sind im Extremfall beziehungssüchtige, männersüchtige «Junkies», die sich an ihrem Schmerz, ihrer Angst und ihrer Sehnsucht berauschen. Und, als wäre das nicht schon schlimm genug, vielleicht sind Männer nicht das einzige, wovon wir abhängig sind.

Nicht jede Frau, die zu sehr liebt, ißt oder trinkt auch zuviel oder nimmt Drogen, doch wenn dies der Fall ist, muß die Überwindung der Beziehungssucht Hand in Hand mit der Überwindung anderer Suchtmittelabhängigkeiten gehen.

Es ist ein Teufelskreis, wenn die körperliche Abhängigkeit von einer Substanz durch den Stress einer ungesunden Beziehung verschlimmert wird und die seelische Abhängigkeit von einer Beziehung durch das Gefühlschaos, das eine körperliche Sucht erzeugt, verstärkt wird.

Wir benutzen die Tatsache, daß wir keinen Partner haben oder mit dem falschen Mann zusammen sind, um unsere körperliche Abhängigkeit zu erklären und zu entschuldigen. Umgekehrt ermöglicht uns das Suchtmittel, unsere ungesunde Beziehung zu ertragen, da es unseren Schmerz betäubt und uns die Motivation nimmt, die wir brauchen, um etwas zu ändern.

Wir machen das eine für das andere verantwortlich. Wir benutzen das eine, um mit dem anderen fertig zu werden. Und wir werden von beidem immer abhängiger.

15. Februar

Unsere Seele hat dieses Leben für uns so ausgerichtet, daß wir seine Lektionen lernen. Seien wir dankbar für all diejenigen, die dabei unsere Lehrer waren.

16. Februar

Viele Frauen machen den Fehler, nach einem Mann zu suchen, mit dem sie eine Beziehung aufbauen können, bevor sie eine Beziehung zu sich selbst entwickelt haben. Sie rennen von einem Mann zum nächsten, auf der Suche nach etwas, was in ihrem Inneren fehlt. Die Suche muß aber bei uns selbst, in unserem Inneren, beginnen. Niemand kann uns jemals erfüllend lieben, wenn wir uns nicht selbst lieben, denn wenn wir uns mit unserer inneren Leere auf die Suche nach Liebe begeben, finden wir nur noch mehr Leere.

17. Februar

Wenn unsere Sucht der Weg ist,
der uns zu Gott führt, dann müssen
wir dankbar dafür sein.

18. Februar

Ein 12-Schritte-Programm kann die *wichtigste* Basis für die Genesung von einem Suchtleiden, auch von der Beziehungssucht, sein. Therapiegespräche können ergänzende Funktion haben. Umgekehrt funktioniert es aber nicht.

19. Februar

Es gibt eine Faustregel, die lautet: Je schwieriger es ist, eine Beziehung zu beenden, die schlecht für einen ist, desto mehr Elemente der eigenen Kindheitsproblematik enthält sie. Wenn wir zu sehr lieben, versuchen wir oft, Ängste, Wut, Frustration und Schmerz aus der Kindheit zu überwinden. Damit aufzuhören kommt uns vor, als würden wir eine wertvolle Chance vertun – die Chance nämlich, zum einen das zu bekommen, was in unserem Leben immer gefehlt hat, und zum anderen all das Unrecht, das uns widerfahren ist, zu korrigieren.

Wenn wir jedoch unsere Beziehungsmuster nicht ändern, sorgen wir dafür, daß unser Leben als Erwachsene ebenso schmerzvoll wird, wie unsere Kindheit es war – und erwachsen ist man sehr viel länger …

20. Februar

Die Möglichkeit, sich bei einer sexuellen Begegnung, die Teil einer verzweifelten Suche nach dem idealen Mann ist, mit Aids zu infizieren, führt uns den lebensbedrohlichen Charakter der Beziehungssucht deutlich vor Augen.

21. Februar

Frauen, die sich mit wesentlich jüngeren Männern zusammentun, sind oft von einem Kontrollbedürfnis geprägt. Das gleiche gilt für Männer, die sich mit deutlich jüngeren Frauen zusammentun.

22. Februar

Es gibt nur sehr wenige Modellbeziehungen, in denen die Partner auf gesunde, reife, ehrliche und nichtmanipulative Weise miteinander umgehen. Dies hat vermutlich zweierlei Gründe: Erstens sind solche Beziehungen, wenn wir ehrlich sind, ziemlich selten im wirklichen Leben. Zweitens ist das emotionale Zusammenspiel in einer gesunden Beziehung oft viel unaufdringlicher als der blanke Konflikt in einer ungesunden Beziehung, so daß ihr dramatisches Potential kaum Eingang in Literatur, Dramatik und Musik findet. Wenn uns ungesunde Beziehungsformen verfolgen, so mag das auch daran liegen, daß wir praktisch nur solche sehen und kennen.

23. Februar

Keine Beziehung kann einem den Schmerz der eigenen Vergangenheit ersparen. Solange man diesen Schmerz nicht durchschritten hat, wiederholt man einfach die Vergangenheit.

24. Februar

Es ist naiv und obendrein dreist, einem Mann vorzuschreiben, was er zu tun hat, damit er mit Ihnen zusammensein kann. Er ist, wer er ist. Sind Sie bereit, das zu akzeptieren?

25. Februar

Der Sexualakt kann, wenn er körperlich als beglückend empfunden wird, zwei Menschen sehr eng miteinander verbinden. Gerade bei Frauen, die zu sehr lieben, kann der intensive Konflikt mit einem Mann das sexuelle Erleben mit ihm intensivieren und damit die Bindung an ihn noch verstärken. Und das Gegenteil trifft ebenso zu. Wenn wir mit einem Mann zusammen sind, der für uns keine besondere Herausforderung darstellt, mag es auch in sexuellen Dingen an Leidenschaft und Feuer mangeln. Weil wir nicht ständig in Aufregung wegen ihm sind und weil Sex nicht dazu dient, etwas zu beweisen, empfinden wir eine weniger konfliktgeladene Beziehung vielleicht als etwas zahm. Verglichen mit den stürmischen Beziehungsformen, die wir sonst kennen, scheint uns diese eher gemäßigte Erfahrung nur zu bestätigen, daß Spannungen, Konflikt, Herzschmerz und Dramatik tatsächlich die «wahre» Liebe ausmachen.

26. Februar

Es ist ein spirituelles Prinzip, daß wir immer wieder auf Menschen treffen werden, die für uns die Chance verkörpern, unsere dringendste Lektion zu lernen. Wenn wir lernen, das Problem *in uns selbs*t zu überwinden, werden unsere «Lehrer» allmählich von der Bühne verschwinden.

27. Februar

Wenn wir *unsere* Hälfte der Schlacht beenden, ist die Schlacht vorüber.

28. Februar

Frauen, die zu sehr lieben, empfinden oft Langeweile, wenn sie an «nette» Männer geraten: Da läuten keine Glocken, explodiert kein Feuerwerk und fällt kein Stern vom Himmel. Ohne die gewohnte Aufregung sind wir zappelig, reizbar und unbeholfen, fühlen uns insgesamt nicht wohl in unserer Haut und setzen diesen Zustand mit *Langeweile* gleich. Unsere Künste im Umgang mit anderen sind auf Herausforderung getrimmt, nicht darauf, einfach die Gesellschaft eines Mannes zu genießen. Bei soliden, zuverlässigen, fröhlichen, stabilen Zeitgenossen empfinden wir mehr Unbehagen als bei Männern, die gleichgültig, unzugänglich, unerreichbar oder uninteressiert sind.

29. Februar

Denken Sie daran: Die meisten Suchtkranken kommen nicht von ihrer Sucht los, wie sie auch heißen mag. Die meisten sterben irgendwann an ihrem Suchtleiden.

Versuchen Sie, Ihre Sucht nach der Beziehung ebenso ernst zu nehmen, wie Sie eine Krebserkrankung nehmen würden. Fassen Sie den Vorsatz, alles zu tun, um zu genesen.

1. März

Wenn wir hinnehmen, was wir nicht ändern können, und ändern, was wir ändern können, schaffen wir ein heilsames Klima für uns.

2. März

Um aufzuhören, zu sehr zu lieben, müssen Sie sich von der Vorstellung trennen, das Wohl und Wehe eines Mannes hinge allein von Ihnen ab. Dies ist *Ihr* Bedürfnis, und es ist kein gesundes.

3. März

Sex ist eines der Mittel, mit denen die Frau, die zu sehr liebt, ihren Partner manipuliert oder zu ändern versucht. Wir verführen, um zu bekommen, was wir wollen, und wir fühlen uns toll, wenn es funktioniert, und zu Tode betrübt, wenn nicht. Wenn wir unseren Willen nicht bekommen, bringt uns das meist dazu, es noch intensiver zu versuchen.

Oft finden wir es sehr aufregend, in die Machtkämpfe verwickelt zu sein, die unseren Manipulationsversuchen innewohnen. Wir verwechseln Angst, Sorge und Schmerz mit Liebe und sexueller Erregung. Das Gefühl, einen Knoten im Bauch zu haben, nennen wir «Liebe».

4. März

Sprechen Sie niemals Drohungen aus, die Sie nicht umsetzen würden. Tatsächlich sollten Sie überhaupt nicht drohen.

5. März

Viele von uns haben beigebracht bekommen, daß guter Sex für wahre Liebe spricht und daß umgekehrt Sex nicht wirklich befriedigend und erfüllend sein könne, wenn die ganze Beziehung nicht die richtige für uns ist.

Bei Frauen, die zu sehr lieben, könnte nichts weiter entfernt von der Wahrheit sein. Wegen der besonderen Dynamik, die auf allen Ebenen unserer Interaktion mit Männern, auch der sexuellen, zum Tragen kommt, kann Sex gerade in einer schwierigen oder unmöglichen Beziehung besonders aufregend, leidenschaftlich und suchtverstärkend sein.

6. März

Wenn wir uns für das Verhalten eines anderen verantwortlich fühlen und unsere Schuldgefühle und Seelenqualen nicht ertragen können, brauchen wir Hilfe, um *unsere eigenen quälenden Gefühle in den Griff zu bekommen*, nicht etwa das Leben des anderen.

7. März

Wir tun uns schwer, unserer Familie und unseren Freunden zu erklären, warum jemand, der nicht besonders bewundernswert und vielleicht nicht einmal sehr sympathisch ist, in uns dennoch eine so prickelnde Vorfreude und eine so starke Sehnsucht hervorrufen kann, wie wir sie nie für einen netteren oder präsentableren Mann empfinden. Es ist schwer zu vermitteln, daß wir von dem Traum verzaubert sind, all die positiven Eigenschaften an den Tag zu bringen, die wir in unserem Liebsten verborgen glauben – Liebe, Fürsorge, Hingabe, Integrität und Edelmut, die nur darauf warten, in der Wärme unserer Liebe zu erblühen.

Wie können wir erklären, daß es nicht der Mensch ist, der er *ist*, den wir so attraktiv finden, sondern der Mensch, der zu *werden* wir ihm – davon sind wir überzeugt – helfen können. Wie können wir vor uns selbst und anderen eingestehen, daß wir jemanden lieben, der noch nicht existiert, und daß wir von unserer Macht, ihn erst zu schaffen, verzaubert sind?

8. März

Die beste Faustregel für den Umgang mit Menschen, deren Leben hoffnungslos chaotisch ist, lautet: Man vermeide es rigoros, *irgend etwas* für sie zu tun, was sie nicht auch selbst tun könnten, *wenn sie nur wollten.*

9. März

Frauen, die zu sehr lieben, sagen sich oft, daß der Mann, mit dem sie zusammen sind, noch nie wirklich geliebt worden ist, weder von seinen Eltern noch von seinen früheren Frauen oder Freundinnen. Wir sehen in ihm ein geschädigtes, verletztes Wesen und übernehmen bereitwillig die Aufgabe, alles wettzumachen, was in seinem Leben fehlte, lange bevor wir ihn überhaupt kannten. Seine emotionale Unerreichbarkeit, seinen Zorn oder seine Depression, seine Grausamkeit oder Gleichgültigkeit, Brutalität, Unehrlichkeit oder Abhängigkeit nehmen wir als Beweis dafür, daß er nicht genug geliebt worden ist. Wir bieten unsere Liebe gegen seine Fehler, seine Versäumnisse, selbst gegen seine Krankheit auf. Wir sind entschlosen, ihn durch die Kraft unserer Liebe zu retten.

10. März

Es ist nie zu spät, uns selbst und unsere Beziehungen zu heilen, selbst wenn die betreffenden Menschen nicht mehr am Leben sind. Die Seele dieser Menschen bleibt erhalten, ebenso wie die unsrige, und reagiert auf unsere Neubesinnung.

11. März

Alles, was wir persönlich über die Elternschaft wirklich wissen, ist das, was wir selbst als Kind bei unseren eigenen Eltern erlebt haben. Manch einer hat jedoch eher gelernt, was man *nicht* tun soll, anstatt nun zu wissen, wie man seine elterliche Aufgabe gut erfüllt.

Wir müssen *alles,* Positives wie Negatives, was wir von unseren Eltern bekommen haben, würdigen, denn *all* dies wirkt in irgendeiner Weise in unseren eigenen bewußten Bemühungen auf diesem schwierigen Gebiet der Liebe fort.

12. März

Das Verborgenste in uns ist gleichzeitig auch das Universellste. *Jeder* Mensch hat Geheimnisse, die aufgedeckt und bewältigt werden müssen. Indem wir uns mit unseren eigenen auseinandersetzen, tragen wir zu einem Klima bei, in dem andere das gleiche tun können. Durch unsere eigene Heilungsarbeit helfen wir unserer Umwelt, sich zu heilen.

13. März

Informationen allein, wie alarmierend sie auch sein mögen, reichen einfach nicht aus, um irgendeine Suchtart zu stoppen.

14. März

Anders als andere Krankheiten erfassen Suchtkrankheiten *alle* Dimensionen des Betroffenen: die seelische und spirituelle ebenso wie die körperliche. Bei der beziehungssüchtigen Frau ist nicht nur ihre Liebesbeziehung betroffen. Auch ihre Interaktionen mit ihren Freunden, Familienmitgliedern, Kollegen und Kindern leiden unter ihrer Besessenheit von einem Mann. Ihre Gesundheit nimmt durch den Dauerstress Schaden, und zu ihrer spirituellen Seite verliert sie zunehmend den Kontakt.

15. März

Versuchen Sie zu sehr, einem Mann zu helfen, landen Sie schnell in der Rolle der «strengen Mutter» für das «ungezogene Kind in ihm».

16. März

Kaum eine Frau, die zu sehr liebt, ist im tiefsten Inneren davon überzeugt, daß sie es verdient, zu lieben und geliebt zu werden, einfach weil es sie gibt. Statt dessen glauben wir, wir seien mit schrecklichen Fehlern oder Makeln behaftet und müßten Gutes tun, um diese zu kompensieren. Wir leben mit der Schuld, daß wir diese Mängel haben, und in der Angst, erkannt zu werden. Wir bemühen uns nach Kräften, gut zu erscheinen, weil wir es nicht zu sein glauben.

17. März

Bei der Beziehungssucht gesellt sich zu einer grundlegenden Angst vor Nähe eine noch größere vor dem Verlassenwerden.

18. März

Viele Frauen, die zu sehr lieben, essen auch zuviel oder geben zuviel Geld aus. Süchte sind keine diskreten Einheiten; sie überschneiden sich in ihren körperlichen und seelischen Wurzeln. In der Tat kann die Heilung von einer Sucht bewirken, daß eine andere schlimmer wird.

Glücklicherweise lassen sich dieselben Schritte zur Genesung auf alle Suchtleiden gleichermaßen anwenden.

19. März

Frauen aus gewalttätigen Familien neigen dazu, gewalttätige Partner zu wählen; Frauen aus Alkoholikerfamilien suchen sich vorzugsweise Partner, die von einer chemischen Droge abhängig sind; usw. Eine Dynamik, die bei der Beziehungssucht durchgängig ist, ist der unbewußte Drang, den Kampf der Vergangenheit zu wiederholen und diesmal zu *gewinnen.*

20. März

Starrsinn als Wirkprinzip in einer zwischenmenschlichen Beziehung kann man durch ständiges Wechseln zwischen Helfer- und Opferrolle verstecken.

21. März

Solange wir nicht im tiefsten Inneren begreifen, daß dieser oder jener Mann niemals die Lösung unserer Probleme sein wird, bleiben wir Gefangene unserer suchthaften Beziehungsmuster.

22. März

Jede Frau, die zu sehr liebt, kann mit ihrem obsessiven Verhalten eine Zeitlang aufhören. Doch eine dauerhafte Kontrolle durch die eigene Willenskraft ist eine fatale Illusion: Wahre Heilung kommt erst, nachdem wir uns endgültig geschlagen geben.

23. März

Es gibt keine Zufälle bei unseren obligatorischen Bindungen – zu unserem Vater, zu unserer Mutter, zu sonstigen Bezugspersonen.

Die Schwierigkeiten, die unsere Eltern und andere Familienmitglieder möglicherweise für uns verkörpern, sind Geschenke unserer Seele an unsere Persönlichkeit. Durch die Reibung, die in diesen unausweichlichen Beziehungen entsteht, schleifen sich viele unserer tiefsten Charakterfehler irgendwann ab.

24. März

Wir müssen die Rolle abstreifen, die uns lange und in mancher Hinsicht auch gut gedient hat – die Rolle des Opfers, der Märtyrerin, der Retterin oder der selbstgerechten Rächerin – möglicherweise auch alle der Reihe nach.

25. März

Es gibt einen alten Witz über einen Mann, der in stockfinsterer Nacht seine Schlüssel verloren hat und nun im Licht einer Straßenlaterne nach ihnen sucht. Jemand kommt vorbei und will ihm suchen helfen, fragt aber zuerst: «Sind Sie sicher, daß Sie sie hier verloren haben?» Der Mann antwortet: «Nein, aber hier ist Licht zum Suchen.»

Suchen auch Sie, wie dieser Mann, nach dem Fehlenden in Ihrem Leben nicht dort, wo die Hoffnung besteht, es zu finden, sondern dort, wo die Suche am einfachsten ist? Dies ist ein typisches Verhalten für eine Frau, die zu sehr liebt.

26. März

Kein Mann wird jemals der «richtige» sein, solange wir nicht in uns heilen, was uns in die Schlacht der Willenskräfte zieht, was Sieg oder Niederlage braucht und was uns anschließend mit vorwurfsvollem Finger auf den anderen als Ursache unserer Probleme zeigen läßt.

27. März

Welch eine Ironie, daß manche von uns auf Zeit- oder Weltreise gehen wollen, um Erleuchtung zu finden, wo doch unsere Seelenarbeit stets direkt vor uns liegt.

28. März

Nichts soll immer gleich bleiben.
Wer nicht voranschreitet,
macht Rückschritte.

29. März

Wenn etwas Schmerzliches passiert und wir uns einreden, wir seien schuld daran, dann reden wir uns damit im Grunde ein, wir hätten die Kontrolle darüber: Wenn wir uns ändern, hört der Schmerz auf. Diese Dynamik liegt einem Großteil der Selbstvorwürfe zugrunde, mit denen sich Frauen, die zu sehr lieben, zermartern. Indem wir uns die Schuld an allem geben, halten wir an der Hoffnung fest, daß wir darauf kommen werden, was wir falsch machen, um es dann zu berichtigen und so die Kontrolle über die Situation zu gewinnen und unseren Schmerz zu beenden.

Unsere Aufgabe ist es, der Situation ins Gesicht zu sehen, zu akzeptieren, daß sie schmerzlich ist, unsere *Illusion* von Kontrolle aufzugeben und einen höheren Willen um Unterstützung und Führung zu bitten.

30. März

Wichtige Beziehungen gehen wir nicht zufällig ein. Es zieht uns unentrinnbar zu jenen Partnern hin, die uns Gelegenheit geben, im persönlichen und zwischenmenschlichen Bereich das zu lernen, was wir am dringendsten lernen müssen. Diesen Lernprozeß kann die Erkenntnis beschleunigen, daß wir keine Opfer jener Herausforderungen sind, mit denen uns die Liebe konfrontiert, sondern diese freiwillig gewählt haben.

31. März

Auf unserem Weg zur Genesung von der Sucht des Zu-sehr-Liebens ist *keiner* der Schritte, die wir tun, wirklich klein, denn jeder einzelne von ihnen verändert unsere Lebensrichtung.

1. April

Wir müssen immer daran denken, daß das Leben auf dieser Erde eine Schule ist und daß die Aufgaben mit jeder Klasse, die wir durchlaufen, schwieriger werden.

Jede Klassenstufe in dieser Schule des Lebens ist für unsere Entwicklung notwendig. Jede einzelne ist eine Herausforderung, solange wir auf diesem Niveau sind, doch sobald wir es bewältigt haben, müssen wir zum nächsten aufrücken. Niemand würde ewig in der zweiten Klasse bleiben wollen, nachdem er ihren Stoff gelernt hat. Vielmehr gehen wir eifrig die nächste Lernstufe an.

Wenn Ihnen also Ihr Leben schwierig erscheint, versuchen Sie, daran zu denken, daß Ihre gegenwärtigen Herausforderungen nicht nur zeigen, was Sie noch lernen müssen, sondern auch, wie weit Sie schon gekommen sind, wieviel Sie schon bewältigt haben. Zu lernen, nicht zu sehr zu lieben, ist eine viel schwierigere Lektion als etwa zu lernen, nicht zu stehlen.

Lernen Sie, nicht zuviel Mitgefühl

zu haben. Überantworten Sie Ihren persönlichen Willen und die Menschen, die Sie lieben, einem höheren Willen. Diese Aufgaben sind ebenso diffizil wie grundlegend.

2. April

Da die Natur ein Vakuum im Bereich der menschlichen Verhaltensweisen und Gefühle ebenso zu verabscheuen scheint wie in der Physik, können wir nicht einfach aufhören, zu sehr zu lieben, ohne ein anderes (hoffentlich positiveres) Verhalten an diese Stelle zu setzen.

3. April

Je liebevoller und großzügiger wir mit uns selbst umgehen, desto unwahrscheinlicher ist es, daß wir uns von anderen schlecht behandeln lassen.

4. April

Wenn Sie panisch versuchen, einen geliebten Menschen aus dem Elend zu retten, das sein Suchtverhalten erzeugt, dann denken Sie einmal über folgende Frage nach:

Wer hätte mich retten können?

Vermutlich gab es viele Menschen, die es versucht haben: Freundinnen, Ihre Mutter, eine Schwester oder ein Bruder, vielleicht sogar Ihre Kinder. Wahrscheinlich haben deren aufrichtige Bemühungen jedoch alle nur dazu geführt, daß Sie noch tiefer in die Probleme hineinrutschten.

Lernen Sie, den Veränderungsprozeß zu respektieren, der sich bei den Betroffenen selbst entfaltet, und sich nicht einzumischen.

5. April

Wir haben die Macht, uns selbst Liebe und Fürsorge zu geben. Wir brauchen nicht wie ein leerer Krug zu warten, bis ein Mann daherkommt, der uns mit diesen Dingen füllt.

6. April

Der Versuch, die Sucht nach der Beziehung (oder eine andere Sucht) ohne Glauben zu überwinden, ist so, als würde man einen steilen Hang rückwärts mit Stöckelschuhen erklimmen.

7. April

Manchmal müssen Menschen sich trennen. Aber wenn Sie sich trennen, ohne die Lektion gelernt zu haben, die Ihre Beziehung Ihnen zu erteilen versucht, werden Sie in der nächsten Beziehung wieder damit konfrontiert und in der darauffolgenden erneut.

Wenn Sie einen Partner genau so akzeptieren können, wie er ist, ohne Wut oder Groll, ohne ihn verändern oder bestrafen zu wollen, ohne das, was er tut oder nicht tut, persönlich zu nehmen, dann haben Sie Ihre Seele erweitert und das Geschenk empfangen, das diese Beziehung Ihnen zu machen versucht hat.

Nachdem Sie die Lektion gelernt haben, die diese Beziehung Ihnen vermitteln wollte, werden Sie vielleicht feststellen, daß es im Grunde gar nicht um die Frage geht, ob Sie bleiben oder gehen.

8. April

Wenn wir einem Mann nachjagen, der uns nicht lieben kann, müssen wir uns bewußt sein, daß die sexuelle Jagd etwas Räuberisches hat – den Wunsch, sich einen anderen Menschen mit den Waffen des Begehrens zu unterwerfen.

9. April

Da die Genesung von der Beziehungssucht soviel Einsatz erfordert und dabei effektiv so schwer meßbar ist, gibt es weit mehr Betroffene, die vorgeben, geheilt zu sein, als solche, die tatsächlich genesen sind.

Es ist verführerisch, sich als völlig geheilt zu sehen, während man eigentlich diesen lebenslangen Prozeß des Wandels und des Wachstums, des Kampfes und der Selbstfindung gerade erst begonnen hat.

Ein Schlüssel zur Heilung liegt in der Erkenntnis, daß sie (genau wie wir) stets ein Prozeß sein wird, niemals ein fertiges Produkt.

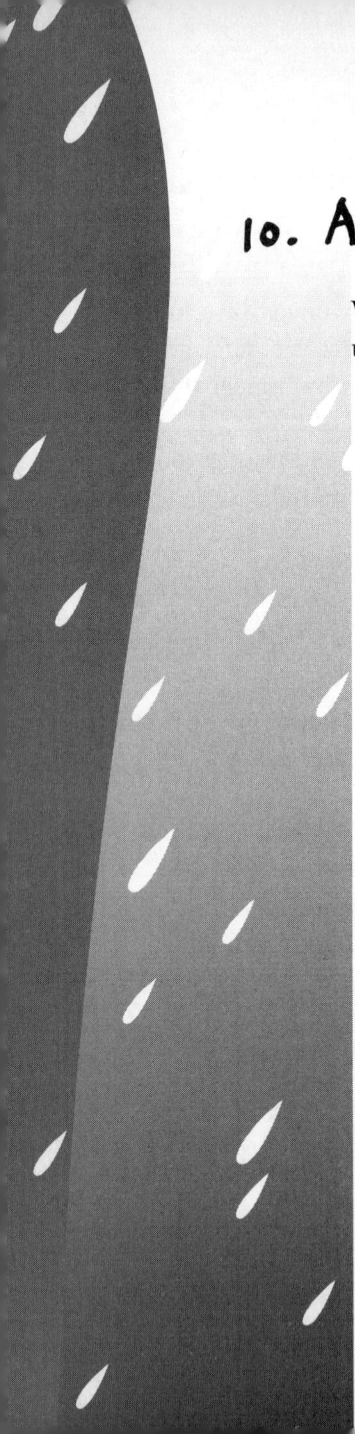

10. April

Wir sind hier, um zu wachsen
und zu lernen und aufzuwachen.

11. April

Wenn wir in irgendeiner Weise traumatisiert wurden, bleibt uns stets der (meist unbewußte) Drang, die traumatische Situation zu wiederholen und diesmal die Stärkeren zu sein. Wir wollen die Oberhand gewinnen, wo wir zuvor besiegt wurden.

Je schlimmer das erlittene Trauma, desto stärker ist der Drang, es zu wiederholen und diesmal darüber zu triumphieren. Auf diese Weise kann zwanghaftes Verhalten entstehen.

12. April

Wenn wir genesen, rufen wir einen Mann nicht mehr an, um ihm zu sagen, daß wir nicht mehr mit ihm sprechen.

13. April

Was wir aus unserer Herkunftsfamilie kennen, wird uns immer am meisten behagen, *egal, wie ungesund diese Herkunftsfamilie war*. Folglich suchen wir uns bei unseren Beziehungen als Erwachsene wieder das Altvertraute heraus. Denn hier fühlen wir uns zu Hause.

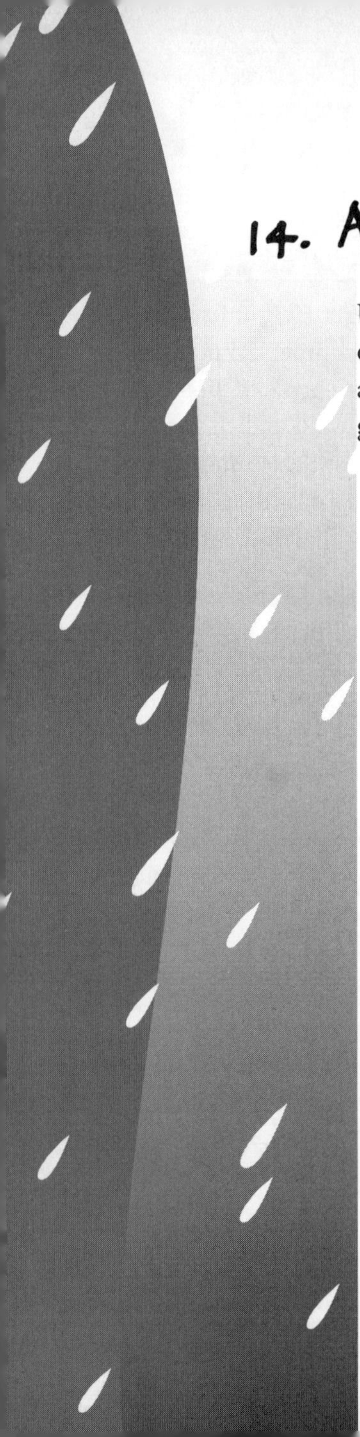

14. April

Unsere eigene Genesung muß stets oberste Priorität haben, wenn wir anderen helfen wollen. Wer etwas geben will, muß es selbst haben.

15. April

Wenn Sie Ihre Sucht, zu sehr zu lieben, wirklich überwinden wollen, müssen Sie die Verantwortung dafür übernehmen, daß Sie diesen Partner *gewählt* haben, und erkennen, daß es für Sie in dieser Beziehung bestimmte Dinge zu lernen gibt. Zuallererst müssen Sie lernen, den anderen nicht mehr unbedingt verändern zu wollen.

Dieses stetige, zwanghafte Bedürfnis, etwas zu *tun* – eine Veränderung in dem anderen Menschen zu bewirken –, ist ein sehr destruktives Element der Beziehungssucht.

Mal ehrlich: Ist jeder Versuch, Ihren Partner zu Veränderungen zu bewegen, liebevoll, oder setzen Sie ihn unter Druck und manipulieren ihn?

16. April

Sich zu verändern erfordert keine grandiose, dramatische, temporäre Attacke auf das Problem, sondern tägliche Ergebenheit und Hingabe.

17. April

Wenn wir glauben, wir hätten die richtige Antwort für andere Menschen, wenn wir glauben, sie hätten unrecht und wir hätten recht, dann sind wir *selbstgerecht* – eine Haltung, die nicht mit der Demut und Ergebenheit vereinbar ist, wie sie für unsere Genesung erforderlich wären.

Leider kann Selbstgerechtigkeit und der Glaube, genau zu wissen, was richtig und was falsch ist, als ein nur schwer überwindbarer Schutzwall fungieren, der uns unseren Zustand nicht erkennen läßt.

18. April

Machen Sie sich klar: Nicht Liebe, sondern Ärger und Angst sind bei den meisten Menschen die Triebkräfte für ungesunde Beziehungskonflikte.

Da sich Menschen voneinander trennen können und diese Konflikte manchmal trotzdem noch jahrelang fortführen, geht es offenbar nicht einfach nur darum, ob man bleibt oder geht.

19. April

Wenn unsere Interaktionen mit Männern bisher gefährlich und dramatisch waren und wir dann beginnen, gesund zu werden und uns loszulösen, kann es passieren, daß unser Partner alles daransetzt, uns wieder in die Schlacht zurückzuziehen. Und der Teil von uns, der immer noch siegen will, möchte vielleicht am liebsten wieder zurück und es noch einmal versuchen: wieder all die vertrauten Taktiken anwenden, die wir so gut kennen. Doch wir Beziehungssüchtige müssen sehr genau unsere Motive hinterfragen, bevor wir uns erneut auf Menschen einlassen, die gefährlich wie eine Droge für uns sind.

20. April

Was wir tun müssen, um unsere eigene Genesung zu sichern, erscheint anderen nicht immer «nett». Das Leben mit Sucht und Co-Abhängigkeit macht es jedoch erforderlich, daß die Benimmregeln ausgesetzt und durch Genesungsregeln ersetzt werden.

21. April

Nicht sosehr, was wir unseren Töchtern sagen, prägt sie in ihrem weiblichen Selbstverständnis, sondern was wir fühlen und wie wir handeln. Auch wenn unsere Genesung von der Beziehungssucht keine Garantie dafür darstellt, daß unsere Töchter dieses Muster nicht nachahmen, bleibt sie doch die beste Versicherung dagegen. Tatsächlich ist das größte Geschenk, das eine beziehungssüchtige Frau ihrer Tochter machen kann, ihre eigene fortschreitende Genesung.

Ist es nicht tröstlich zu wissen, daß wir um so günstigere Bedingungen für die Gesundheit und das Glück derer um uns herum schaffen, je besser wir auf uns selbst aufpassen?

22. April

Eine Arbeitsdefinition von Sucht könnte lauten: Obwohl es mehr als genug Beweise dafür gibt, daß etwas nicht gut für uns ist, können wir trotzdem nicht davon lassen.

23. April

Bestimmte Suchtarten verführen dazu, einen Beruf zu wählen, der die Krankheit widerspiegelt, da Suchtkranke häufig versuchen, sich durch ihren Beruf vor ihrer Sucht zu schützen. Hinter der «Expertenrolle» kann sich ein Schutzmechanismus gegen tiefsitzenden Schmerz und unbewältigte Geheimnisse verbergen. Denn wie könnte man ein Problem auf dem Gebiet haben, auf dem man selbst Experte ist?

Beziehungssüchtige ergreifen typischerweise sogenannte Helferberufe. Viele von uns wählen Berufe, in denen wir anderen helfen können. Wir tun dies, weil wir selbst geschädigt sind. Wir benutzen dann unsere Arbeit als Mittel, uns auf das Leben und die Probleme anderer Menschen zu konzentrieren und so vor unseren eigenen davonzulaufen.

Wir haben anderen am meisten zu bieten, wenn wir unsere eigene Heilung in die Hand nehmen.

24. April

Wenn Sie lernen, Ihre Aufmerksamkeit nicht mehr zwanghaft auf das Verhalten eines anderen zu richten, haben Sie plötzlich keine Ablenkung von Ihren eigenen Problemen mehr – und die können massiv sein. Dies ist schwierig und beängstigend, aber Sie werden nur dann von Ihrer Beziehungssucht loskommen, wenn Sie den Mut finden, sich auf Ihr eigenes Leben zu konzentrieren und nicht auf das eines Mannes.

25. April

Für viele ist es leichter, mit einem süchtigen Partner zusammenzusein, als der eigenen Krankheit ins Gesicht zu sehen und die eigene Genesung in Angriff zu nehmen.

Beginnt sich unser Partner von seiner Sucht zu befreien, müssen wir dasselbe tun – oder uns einen anderen Mann mit einem Problem suchen.

26. April

Jede Art von Sucht erzeugt den Druck, der eine persönliche Veränderung ermöglicht. Denn eine Sucht kann nur überwinden, wer seinen persönlichen Willen zugunsten eines höheren Willens aufgibt.

Keiner kann den Willen eines anderen aufgeben, und daher kann keiner eines anderen Genesung herbeiführen. Vielmehr sollten diejenigen, die es versuchen möchten, lieber an sich selbst arbeiten.

27. April

Nachdem sie ihr Leben lang in ungesunde Beziehungsmuster verstrickt war, fühlt sich die Frau, die zu sehr liebt, in den ersten Heilungsstadien oft noch schlechter als vorher, selbst wenn sie eigentlich auf dem Weg der Genesung ist. Dies ist der Entzug von ihren alten Denk- und Verhaltensmustern, die sich *alle* ändern müssen, wenn sie gesund werden will.

28. April

Jede Genesung ist ein Wunder,
das durch Gnade, nicht durch Zufall
geschieht.

29. April

Um uns zu heilen, müssen wir uns nicht nur unseren vergrabenen Kindheitserinnerungen stellen, sondern auch dem ganzen Ausmaß unserer Fehlentscheidungen und Verhaltensweisen als Erwachsene.

30. April

Frauen, die zu sehr lieben, neigen dazu, absichtlich ein bißchen blind für die Verhaltensweisen und Neigungen ihrer Partner zu sein. Diese Blindheit ist gefährlich.

1. Mai

Frauen, die einerseits überzeugte Feministinnen, gleichzeitig aber «männersüchtig» sind, finden die Wurzeln sowohl ihrer politischen Einstellung als auch ihrer Krankheit möglicherweise in ein und denselben Kindheitserlebnissen: daß sie nämlich dem Einfluß eines zornigen, aggressiven, dominanten Vaters und einer empfindlichen, gefügigen, aufopfernden Mutter ausgesetzt und unterworfen waren.

2. Mai

Sucht, ganz gleich ob nach einem anderen Menschen, nach einer Substanz oder einem Verhalten, ist nicht unmoralisch, sondern amoralisch, wie jede andere Krankheit auch.

3. Mai

Zwanghafte Beziehungsmuster erscheinen weniger rätselhaft, wenn man sie als ein treibendes, aber unbewußtes Bedürfnis sieht, in der Gegenwart zu kontrollieren, was in der Vergangenheit unkontrollierbar war. Je überwältigender die Erfahrung(en) der Kindheit, desto stärker ist das unbewußte Bedürfnis – und der Zwang –, als Erwachsener ein Klima oder eine Situation mit der gleichen emotionalen Geladenheit zu schaffen und zu versuchen, darin die Oberhand zu behalten.

Ein gesünderer und vernünftigerer Ansatz ist es, an der eigenen *Bereitschaft* zu arbeiten, sich dem zu stellen, was immer da in unserer Vergangenheit war und verarbeitet werden muß. Wenn wir bereit sind, uns unserer Vergangenheit zu stellen, werden sich unsere Erinnerungen in dem Tempo entfalten, in dem wir mit ihnen umgehen können.

Vertrauen Sie darauf.

Wenn unsere vergrabene Vergangenheit allmählich in unser aktives

Bewußtsein übergeht, werden auch unsere damit zusammenhängenden Handlungen bewußter: Wo früher ein Zwang war, haben wir jetzt eine Wahl. Es mag keine *leichte* Wahl sein, weil es unangenehm ist, wenn man alte Verhaltensmuster aufgeben muß. Aber sobald man eine Wahlmöglichkeit hat, wird es noch unangenehmer, das ungesunde Verhalten bewußt zu wiederholen, als damit aufzuhören.

4. Mai

Ganz gleich, was für Eltern, was für eine Kindheit, was für Traumata wir erlebt haben mögen, wir können aus unserem Schicksal der Krankheit eines der Genesung machen, wenn wir uns dazu entscheiden, zu vergeben und Heilung zu suchen.

5. Mai

Viele Frauen, die zu sehr lieben, vermuten, daß sie Inzestopfer sind. Wenn Sie diesen Verdacht haben, trifft er sehr wahrscheinlich zu.

6. Mai

Zwanghaftes Essen tritt häufig bei Frauen auf, die sexuell mißbraucht worden sind.

7. Mai

Es ist ein *Segen* für uns, wenn das Leben es uns unmöglich macht, so weiterzumachen wie bisher, und uns zwingt, unser Verhalten zu ändern. Im konkreten Moment fühlt sich dies natürlich nicht wie ein Segen an.

8. Mai

Der Mensch hat einen natürlichen Hang zur Verleugnung. Oft braucht es Katastrophen diversen Ausmaßes, um diesen Mechanismus zu durchbrechen.

9. Mai

Manchmal überdecken wir mit einer Sucht eine andere. Die Sucht nach sportlicher Betätigung hilft zum Beispiel, die Folgen einer Eßsucht zu verstecken.

10. Mai

Beziehungssucht ist, ebenso wie Drogenabhängigkeit oder Alkoholismus, eine fortschreitende Krankheit. Das heißt, der Zeitabstand zwischen dem Beginn einer suchthaften Beziehung und der Feststellung, daß man sein Leben nicht mehr im Griff hat, wird im Laufe der Jahre immer kürzer.

11. Mai

Sich wieder auf Kontakt mit einem Mann einzulassen, der unsere «Droge» war, kann für uns den gleichen Effekt haben wie für einen trockenen Alkoholiker, der sich doch wieder einen Drink genehmigt: Jahre der Genesung können ausgelöscht sein, und die Obsession kann stärker denn je in uns wüten.

12. Mai

Manche Männer sind wie Brokkoli: nicht allzu aufregend, aber gut und gesund für uns. Und manche Männer sind wie Schokoladenkuchen: unglaublich verlockend, aber auch sehr gefährlich, zumindest für diejenigen von uns, die eine Suchtneigung haben.

Wenn wir an Beziehungssucht leiden, müssen wir lernen, gesunde Beziehungen einzugehen und Menschen zu meiden, die uns wie eine Droge kopfüber in unsere Krankheit stürzen lassen.

13. Mai

Unser Bemühen, diesem Partner etwas zu bedeuten, ebenso wichtig für sein Wohlergehen zu werden, wie er es für unseres ist, kann uns so weit bringen, daß wir klammern, erdrücken, manipulieren, ja sogar uns selbst erniedrigen.

Wenn wir zu sehr lieben, ernten wir für all unser Bemühen meist nur Verachtung: Unser Partner verachtet uns, und wir verachten uns selbst.

14. Mai

Von einer Sucht loszukommen
erfordert mehr, als sich zu sagen,
daß man sich ändern muß.

15. Mai

Nichts hilft mehr als Beten –
solange wir um Gottes Willen bitten,
nicht um unseren eigenen.

16. Mai

Fangen Sie eine Beziehung damit an, daß Sie die Rolle der alles gebenden, alles akzeptierenden, alles umsorgenden «Mami» für das ungezogene, bedürftige «Kind» in ihm übernehmen?

Die Frau, die zu sehr liebt, bietet den Männern, die ihr bedürftig erscheinen, einen stillen Handel an: Ich sorge erst für dich, und dann sorgst du für mich.

17. Mai

Wenn man eine Droge, ein Verhalten oder einen anderen Menschen benutzt, um ein unangenehmes Gefühl zu bekämpfen, läuft man Gefahr, in eine ungesunde Abhängigkeit zu verfallen.

Wenn ein Mann für uns die Erleichterung von Gefühlen der Angst und Verlassenheit repräsentiert, können wir völlig abhängig von ihm werden. Er ist unser «Schuß».

Jeder Schuß fordert einen Preis für die zeitweilige Erleichterung, die er bringt. Bei der Beziehungssucht ist ein seelischer Katzenjammer meist noch der geringste Preis, den wir zahlen.

18. Mai

Nüchternheit in Beziehungen ist zwar sehr real, aber auch sehr schwer faßbar und läßt sich nur daran messen, zu welchem Maß an Gelassenheit wir in unserem Leben schließlich gelangen.

19. Mai

Wenn jemand Sie einmal schockiert oder verletzt hat, wird er dies höchstwahrscheinlich auch wieder tun. Nur diesmal können Sie mit weniger Recht schockiert oder verletzt sein, weil Sie ja schon wissen, daß er zu solchem Verhalten fähig ist.

Bei einem erwachsenen Menschen darf man davon ausgehen, daß er nicht in einer bestimmten Weise gehandelt hat, weil er es nicht besser weiß, sondern weil dieses Verhalten Teil seiner Persönlichkeit ist. Ein Mann kann sich eine Zeitlang bremsen oder sich von Ihnen bremsen lassen, aber nicht auf Dauer. Früher oder später kehrt er wieder zu seinem wahren Wesen zurück. Wenn Sie ihn dies nicht tun lassen, wenn Sie versuchen, das Verhalten oder die Sucht Ihres Partners zu steuern, wird er Ihnen am Ende nicht dankbar für all Ihre Anstrengungen sein. Stattdessen wird er Ihnen eher übelnehmen, daß Sie sich zwischen ihn und seine wahren Wünsche oder Bedürfnisse stellen. Dann ist nicht mehr sein Verhalten das Problem. *Sie* sind das Problem.

20. Mai

Es ist mangelnder Respekt vor dem Recht eines anderen, so zu sein, wie er ist, wenn wir versuchen, sein Leben für ihn zu schmeißen, *selbst wenn er uns scheinbar darum bittet.*

Wenn ein Mann Sie darum bittet, irgendeinen Aspekt seines Lebens mit ihm zu lenken, so stellt er Ihnen damit eine Falle. *Sein* Problem ist damit zu *Ihrem* geworden.

21. Mai

Wenn ein Elternteil sein Kind zum Gefährten und Vertrauten macht, so werden damit die Rechte des Kindes verletzt. Jedes Kind, das auf die gleiche Stufe mit einem Erwachsenen gestellt wird, wird für die Bedürfnisse des Erwachsenen mißbraucht. Um keinen weiteren Schaden anzurichten und den Trost, die Orientierung und die Unterstützung zu finden, die wir brauchen, müssen wir uns an andere Erwachsene wenden, die ebenfalls versuchen, von ihrer Beziehungssucht loszukommen, und bereit sind, ihre Erfahrungen, ihre Kraft und ihre Hoffnung mit uns zu teilen.

22. Mai

Wenn Menschen wirklich versuchen, sich zu ändern, dann reden sie nicht viel darüber. Sie sind zu sehr damit beschäftigt, es zu tun.

23. Mai

Für die meisten Beziehungssüchtigen ist es soviel einfacher zu sagen: «Dieser Mensch ist mein Problem», als zuzugeben, daß ihnen das stetige und innige Zusammensein mit einem anderen Menschen Angst und Unbehagen bereitet.

24. Mai

Jede Form der Heilung, ganz gleich, ob es ein gebrochenes Bein, eine gebrochene Psyche oder ein gebrochenes Herz ist, wird durch ein spirituelles Prinzip bewirkt.

Dieses Prinzip spiritueller Führung existiert in jedem von uns; die Suche nach dem Zugang zu ihm wird aus jeder Sucht heraus geboren, auch aus der Sucht, zu sehr zu lieben.

Dieses spirituelle Prinzip in sich selbst zu finden und sich seiner Führung zu unterwerfen ist *sehr* mühselig, aber wenn wir zu sehr lieben, ist alles andere noch schmerzlicher.

25. Maí

Seelischer Schmerz existiert, weil wir etwas über uns selbst oder unseren Zustand nicht ehrlich erkennen wollen – etwas, das wir auf irgendeiner Ebene *bereits wissen.*

26. Mai

Wahre Veränderung verlangt eine Ergebenheit, die symbolisch einer Kreuzigung gleichkommt.

27. Mai

Als Beziehungssüchtige schaden wir unseren Kindern ebensosehr wie eine Alkoholikerin, weil:

- unsere Stimmungsschwankungen ebenso rasch, dramatisch und unvorhersehbar sind;
- unser Handeln ebenso zwanghaft, ebenso irrational ist, wenn wir «Stoff» brauchen;
- unsere Gedanken und Gefühle fast immer woanders sind;
- wir am Steuer ebenso gefährlich sind, wenn unsere unkontrollierbaren Emotionen uns überwältigen;
- wir immer unehrlicher werden und alles mögliche für unsere Probleme verantwortlich machen, nur nicht unsere Sucht.

28. Maí

Seelischer Schmerz ist für die Psyche, was physischer Schmerz für den Körper ist: ein Signal, daß etwas krank oder geschädigt ist.

29. Mai

Im Leben geht es doch darum, aufzuwachen und erwachsen zu werden. Wir empfinden diese Vorgänge als schmerzlicher, weil wir sie nicht willkommen heißen.

30. Mai

Auf dem Weg der Heilung verwandeln sich unsere schrecklichen Geheimnisse in wertvolle Geschenke.

31. Mai

Bei Ihrer Genesung werden Sie nichts verlieren, was wirklich zu Ihrem größten Wohl ist.

1. Juni

Zwei Dinge gehen mit unserer Genesung einher: daß das Leben *besser* wird und daß wir anderen *wirklich* eine Hilfe werden.

2. Juni

Alle unsere natürlichen Reaktionen auf die Sucht eines anderen sind falsch.

Helfen zu wollen und strafen zu wollen sind typische Reaktionen der Co-Abhängigkeit.

3. Juni

Nehmen Sie einem anderen niemals mehr als die Hälfte der Arbeit ab, die zur Bewältigung seines Problems nötig ist.

Wenn wir zu sehr versuchen, einem anderen zu helfen, empfinden wir Frust und Ärger, während der andere Schuldgefühle und Unmut verspürt.

Notwendige Veränderungen vorzunehmen muß demjenigen, der dies tun muß, *wichtiger* sein als uns, die wir dabei helfen möchten.

4. Juni

Kein Therapeut kann eine bezahlte Lösung für das Problem eines Klienten sein.

Wenn Sie Ihr Leben zum Therapeuten tragen, so ist das nicht dasselbe, als wenn Sie Ihr Auto zum Mechaniker bringen. *Sie* bleiben verantwortlich dafür, herauszufinden und zu reparieren, was immer da nicht funktioniert.

5. Juni

Kaum jemand ändert sich ohne Leidensdruck. Wenn wir die Not eines anderen lindern, verbauen wir oft dessen Motivation, sich zu ändern. Aus diesem Grund führen die meisten unserer Bemühungen, die Probleme anderer zu lösen, tatsächlich nur dazu, daß das Problem verschleppt und seine Lösung verzögert wird.

Wenn wir zu sehr lieben, ist leider die Schmerzgrenze des anderen meist höher als die Grenze, bis zu der wir ihm bei seinem Schmerz zusehen können. Anstatt zu versuchen, die Probleme zu lösen, sollten wir uns ihren Folgen nicht in den Weg stellen.

6. Juni

Wir glauben, wir müßten jemandem nur zeigen, wie sehr wir ihn lieben – ganz gleich, wie er uns behandelt –, damit er sich ändert. Tatsächlich zeigen wir ihm damit aber nur, daß er risikolos so bleiben kann, wie er ist.

7. Juni

Viele Frauen, die zu sehr lieben, haben ernste Probleme mit endogenen Depressionen.

Der Versuch, mit endogenen Depressionen ein normales Leben zu führen, ist etwa so, wie wenn man versucht, mit einem gebrochenen Bein Ski zu fahren – sehr schwierig und sehr schmerzvoll.

Wenn Sie mit Depressionen kämpfen, streben Sie *keinesfalls* nach Perfektion. Ruhen Sie sich aus und reduzieren Sie Ihren Stress.

8. Juni

Gesund zu werden bedeutet,
nur noch das zu wählen,
was unseren Seelenfrieden
und unser Wohlbefinden fördert.

9. Juni

Alkohol betäubt den Teil unseres Verstandes, der «Nein» sagt – und Sie wissen, wie wichtig dieser Teil Ihres Verstandes ist, wenn Sie versuchen, Ihren persönlichen Stil des Zu-sehr-Liebens nicht zu praktizieren.

Manchmal möchten wir ihn anrufen, bei ihm vorbeigehen oder die Nacht mit ihm verbringen, obwohl wir genau wissen, daß dies ein großer Fehler wäre.

Also trinken wir zuerst etwas. Später sagen wir uns dann, daß wir uns nicht so verhalten hätten, wenn wir nüchtern gewesen wären, und drücken uns damit um die Verantwortung für unsere Entscheidungen und darum, ihre Bedeutung in unserem Leben zu erforschen. Und so setzt sich der Teufelskreis fort.

10. Juni

Sich selbst genug zu lieben,
um sich von einer Sucht zu befreien,
ist eine Voraussetzung dafür,
daß man einen anderen Menschen
lieben kann.

11. Juni

Gehen Sie niemals davon aus, daß die Beziehungssucht Sie nicht das Leben kosten kann. Sie ist ein Zustand, der unglaublichen Stress erzeugt. Wir alle wissen, daß Stress tödlich sein kann.

Finden Sie die Willenskraft, alles zu tun, was nötig ist, um Ihre Sucht zu überwinden. Sie retten damit Ihr Leben.

12. Juni

Genesung ist ein fortlaufender Prozeß: Er beginnt Minute für Minute, wächst Stunde um Stunde und setzt sich schließlich Jahr für Jahr fort, aber er überspringt nicht einen einzigen Tag.

13. Juni

Versuchen Sie mit aller Kraft, kleine wie große «Ausrutscher» zu vermeiden, also in keine der helfenden, kontrollierenden oder strafenden Verhaltensweisen zu verfallen, die sich immer wieder einschleichen wollen.

14. Juni

Der Glaube, der richtige Therapeut löse alle Probleme im Leben, ist beinahe so verbreitet wie der Glaube, der passende Partner bewirke dasselbe. Um jedwede Sucht zu überwinden, auch die des Zu-sehr-Liebens, muß man sich nicht auf einen Therapeuten, sondern auf eine höhere Macht verlassen.

15. Juni

Viele von uns entdecken nach ihrer ersten Genesung, daß es noch eine *weitere* gibt.

Eine Gesundung in einem Bereich macht oft deutlich, wie sehr das Leben woanders aus den Fugen ist.

16. Juni

Es liegt in der Natur von Frauen, die zu sehr lieben, daß sie stark beschönigen, wie schlimm ihre Situation ist. Ihre Versuche, die Obsession unter Kontrolle zu bekommen, scheitern immer wieder, und so klaffen ihr Image nach außen und ihr heimliches Verhalten im Privaten immer weiter auseinander.

17. Juni

Wenn jemand an Beziehungssucht leidet, ist kein Ansatz so erfolgversprechend wie ein 12-Schritte-Programm zur Genesung.

18. Juni

Die Bereitschaft, eine neue Lebensweise Schritt für Schritt zu erlernen, ist langfristig gesehen weit produktiver, als allzu schnell allzu große Schritte zu versuchen.

19. Juni

Die erste Verheißung der Genesung von der Beziehungssucht

Wir akzeptieren uns selbst vollkommen, auch wenn wir manches an uns noch verändern wollen. Wir empfinden eine grundsätzliche Selbstliebe und Selbstachtung, die wir sorgsam pflegen und bewußt fördern.

20. Juni

Die zweite Verheißung der Genesung von der Beziehungssucht

Wir akzeptieren andere so, wie sie sind, und versuchen nicht, sie nach unseren Bedürfnissen zu verändern.

21. Juni

Die dritte Verheißung der Genesung von der Beziehungssucht

Wir haben Zugang zu unseren Gefühlen und Einstellungen in allen Bereichen unseres Lebens, einschließlich unserer Sexualität.

22. Juni

Die vierte Verheißung der Genesung von der Beziehungssucht

Wir schätzen alles an uns: unsere Persönlichkeit, unser Aussehen, unsere Überzeugungen und Werte, unseren Körper, unsere Interessen und unsere Leistungen. Wir empfinden uns selbst als wertvoll, statt unser Selbstwertgefühl nur aus einer Beziehung zu schöpfen.

23. Juni

Die fünfte Verheißung der Genesung von der Beziehungssucht

Wir haben genug Selbstachtung, um es genießen zu können, mit anderen Menschen, besonders mit Männern, zusammenzusein, die ganz «in Ordnung» sind, so wie sie sind. Wir brauchen nicht gebraucht zu werden, um das Gefühl zu haben, daß wir etwas wert sind.

24. Juni

Die sechste Verheißung der Genesung von der Beziehungssucht

Wir gestatten uns, den richtigen Menschen gegenüber offen und vertrauensvoll zu sein. Wir fürchten uns nicht davor, uns auf einer tiefen persönlichen Ebene zu offenbaren, aber liefern uns auch nicht Leuten aus, die nicht an unserem Wohlergehen interessiert sind.

25. Juni

Die siebte Verheißung der Genesung von der Beziehungssucht

Wir lernen, uns zu fragen: «Tut mir diese Beziehung gut? Ermöglicht sie mir, all das zu entfalten, was in mir steckt?»

26. Juni

Die achte Verheißung der Genesung von der Beziehungssucht

Wir schaffen es, von einer destruktiven Beziehung loszukommen, ohne daß wir in eine verheerende Depression stürzen. Wir haben Freunde, die uns unterstützen, und gesunde, eigene Interessen – beides hilft uns, Krisen zu überwinden.

27. Juni

Die neunte Verheißung der Genesung von der Beziehungssucht

Unser Seelenfrieden ist uns mehr wert als alles andere. All die Kämpfe, die Dramen und das Chaos von früher haben ihre Anziehungskraft verloren. Wir schützen uns selbst, unsere Gesundheit und unser Wohlbefinden.

28. Juni

Die zehnte Verheißung der Genesung von der Beziehungssucht

Wir wissen, daß eine Beziehung nur funktionieren kann, wenn die Partner ähnliche Wertvorstellungen, Interessen und Ziele haben und jeder für sich zu echter Nähe fähig ist. Wir wissen auch, daß wir das Beste verdienen, was das Leben zu bieten hat.

29. Juni

Die erste Genesungsphase von der Krankheit des Zu-sehr-Liebens setzt ein, wenn wir erkennen, was wir tun, und uns wünschen, wir könnten damit aufhören.

30. Juni

Wenn wir aufhören, zu sehr zu lieben, richten wir das, was wir sagen und tun, nicht mehr danach aus, wie der andere wohl reagieren wird.

1. Juli

Wenn wir genesen, empfinden wir vieles, was früher normal und vertraut war, plötzlich als unangenehm und ungesund.

2. Juli

Gefühle des Grolls sind wie Frankensteins Monster: Sie entwickeln ein Eigenleben, wenn wir nicht daran arbeiten, uns von ihnen zu befreien.

Und plötzlich stellt man fest, daß man sich einen Groll herangezogen hat, der täglich gehegt und gepflegt werden will.

3. Juli

Wenn wir uns selbst oft genug die Geschichte erzählen, wie wir zu Opfern geworden sind, müssen wir sie irgendwann auch fast allen Menschen um uns herum erzählen.

4. Juli

Wir erhalten nicht mehr im Leben,
indem wir anderen weniger gönnen.

5. Juli

Nichts in einer Beziehung geschieht zufällig oder im luftleeren Raum. Ihr Partner ist genau derselbe, der er war, als Sie ihn kennenlernten und sich für eine Beziehung mit ihm entschieden. Wir Frauen, die zu sehr lieben, sind mitunter von genau den Eigenschaften eines Mannes fasziniert, die wir verändern wollen.

6. Juli

Weigern Sie sich dagegen, sich als Opfer in einer Beziehung zu sehen. Erkennen Sie an, daß Sie bei allem, was zwischen Ihnen gewesen sein mag, selbst aktiv mitgespielt haben.

7. Juli

Bei jedem schwierigen Partner müssen Sie bereit sein, sich zu fragen, welches *Ihre* Schritte in diesem Paartanz sind.

8. Juli

Wenn wir zugeben, daß in Beziehungen nichts zufällig ist und daß wir keine Opfer sind, so zwingt uns dies, erwachsen zu werden und uns mit unserer eigenen dunklen Seite auseinanderzusetzen.

9. Juli

Eine echte Heilung tritt ein, wenn wir aufhören, das Problem außerhalb von uns selbst bei einem anderen zu suchen.

10. Juli

Um Ihren Groll zu überwinden, sollten Sie dem anderen Ihren Segen geben und für sein größtes Wohl beten.

11. Juli

Wenn wir neidisch sind,
leben wir in dem irrigen Glauben,
daß das Gute auf der Welt
nicht für alle reicht.

12. Juli

Wir empfangen, was wir aussenden –
senden Sie also Wohlwollen aus!

13. Juli

Beiden Geschlechtern würde es guttun, wenn sie einander besser verstehen lernten. Doch es wäre wohl zuviel verlangt, wollten wir jemals Experten füreinander sein.

14. Juli

Die Wurzel allen zwischenmenschlichen Verhaltens, das nichts mit Ehrlichkeit, Offenheit und Zuneigung zu tun hat, ist Angst.

15. Juli

Männer haben generell eher Angst davor, erdrückt zu werden, während Frauen mehr Angst davor haben, verlassen zu werden.

16. Juli

Je mehr eine Frau geschädigt ist, desto mehr sieht sie den Mann in ihrer Familie als die Quelle ihrer Kraft. Je mehr ein Mann geschädigt ist, desto mehr empfindet er Frau und Familie als Bedrohung seiner Unabhängigkeit.

17. Juli

Aufgrund ihres gemeinsamen seelischen Hintergrunds tun sich Männer, die zuwenig lieben, und Frauen, die zuviel lieben, gerne zusammen. Das verstärkt natürlich die Probleme, die jeder einzelne unbewußt in die Beziehung mitbringt.

18. Juli

Wenn ein erlittener Schaden in uns nicht geheilt wurde, werden wir leicht gefährlich.

19. Juli

Männer und Frauen mit gestörtem Beziehungsverhalten ziehen Söhne und Töchter mit gestörtem Beziehungsverhalten heran.

20. Juli

Das Wort «Liebe» wird ständig auf diverse Erregungszustände angewandt, die in Wahrheit verkörpern, was Liebe *nicht* ist.

Lust, Leidenschaft, Eifersucht, Schmerz, Angst, Aufregung, Begierde, Verführung, Unterwerfung, Rettung vor Langeweile oder Einsamkeit, Rechtfertigung, Rivalität, Stolz und Eigennutz – sie alle tarnen sich gemeinhin als Liebe.

21. Juli

Die persönliche Liebe zu einem
Menschen ist nicht zwanghaft,
sondern ausgewogen.

22. Juli

Einen anderen Menschen lieben kann man nur mit einem vollen Herzen, nicht mit einem leeren.

23. Juli

Wir machen aus der Beziehung quasi eine Religion, wenn wir ihr die größte Bürde des Menschseins übertragen.

Es steht uns nicht zu, von einem
anderen Menschen zu erbitten,
was wir von Gott erbitten sollten.

24. Juli

Wer ist gut für uns? Ein Mensch, der unseren Kontakt zu unserer höheren Macht nicht beeinträchtigt.

25. Juli

Solange wir den spirituellen Kontakt vor alles andere setzen, werden sich Beziehungsprobleme von selbst lösen.

26. Juli

Nur das Vertrauen auf etwas Größeres als uns selbst und etwas anderes als die Beziehung läßt uns frei, tief und gut lieben.

27. Juli

Ohne Vertrauen auf eine höhere Macht wächst dort, wo Liebe wachsen sollte, die Angst vor dem Verlust der Beziehung.

28. Juli

Ohne gegenseitiges Vertrauen und gegenseitige Achtung wachsen und gedeihen viele Regungen, die man Liebe nennt, die aber in Wahrheit viel mehr mit Besessenheit zu tun haben. Liebe hingegen kann so nicht gedeihen.

29. Juli

Bei einer Co-Abhängigkeit warten alle darauf, daß der Süchtige von seiner Krankheit loskommt (was vielleicht nie geschieht), um selbst glücklich sein zu können.

Wenn Sie lernen, glücklich zu sein, ganz unabhängig davon, was andere tun, dann sind Sie auf dem Weg der Heilung – und Sie verbessern auch für andere die Heilungschancen.

30. Juli

Am hilfreichsten ist ein streng zielgerichteter Weg. Daher ist es wichtig, ein geeignetes Genesungsprogramm zu finden, das wir gemeinsam mit anderen Betroffenen befolgen.

Mit einem solchen Programm brauchen wir unsere Kindheit nicht länger in unseren Beziehungen als Erwachsene neu zu durchleben.

31. Juli

Menschen, die mit uns auf demselben Genesungspfad wandern, können unsere Fortschritte besser würdigen und honorieren als jeder andere.

1. August

Betrachten Sie sich jeden Tag im Spiegel, reden Sie sich mit Ihrem Namen an und sagen Sie dann: «Ich liebe dich und akzeptiere dich genau so, wie du bist.»

2. August

Sie sind ein notwendiger und geliebter Teil des Universums. Sie brauchen sich Ihr Existenzrecht nicht erst zu verdienen.

3. August

Wenn ein *Mann* beziehungssüchtig ist, können wir diese Krankheit realistisch sehen, frei von den kulturellen Klischees, die Frauen darin bestätigen, zu sehr zu lieben.

4. August

In unserer Kultur werden Frauen durch Zeitschriften und andere Medien regelrecht dazu ermuntert, sich in vielen Dingen so zu verhalten, wie es typisch für eine schwere Beziehungssucht ist.

5. August

Unsere Kultur ermuntert Frauen regelrecht zu suchthaften Beziehungsmustern und sanktioniert, wenn eine Frau nicht so denkt, fühlt und handelt.

6. August

Es stimmt, daß beziehungssüchtige Frauen dazu tendieren, «nette» Männer langweilig zu finden. Doch es gibt hierzu noch etwas anderes zu bedenken. Einen netten Mann zu finden und ihn lieben zu lernen löst nicht automatisch alle Probleme – schon deshalb nicht, weil nicht alle netten Männer wirklich nett sind. Manche von ihnen haben leise und verdeckte Methoden entwickelt, in Beziehungen unehrlich zu handeln.

7. August

Immer nur zu geben
ist im Grunde nichts anderes
als unbewußte Bestechung.

8. August

Warum nimmt man uns übel, was wir alles tun, anstatt es zu würdigen? Die Antwort ist: Weil wir nicht ehrlich sind, wir manipulieren.

9. August

Das unglaublich Paradoxe an der Abhängigkeit von einer Beziehung ist, daß diese Besessenheit aus einer tiefen Furcht vor Intimität entsteht.

10. August

Bei vielen Paaren läßt sich schwer sagen, wer von beiden Partnern abhängiger und bedürftiger ist, ganz gleich, welcher von beiden den *Anschein* erweckt, er sei derjenige, der von der Beziehung abhängig ist.

11. August

Niemals sollte man einen Therapeuten für jemand anderen suchen.
Wenn wir versuchen, jemanden in eine Therapie zu bekommen, so ist unser Motiv Eigeninteresse unter dem Deckmantel der Hilfsbereitschaft.

12. August

Eine panische Suche nach Antworten ist nicht der richtige Weg zur Genesung. Wenn wir fest entschlossen sind, gesund zu werden, *koste es, was es wolle*, tut sich der Weg dorthin von selbst auf.

13. August

Unsere Erfahrungen, gute wie schlechte, im Rahmen eines Genesungsprogramms mit anderen auszutauschen hilft, gesund zu werden.

14. August

Eine Genesung tritt bei Männern und Frauen dann ein, wenn sie um ihrer selbst willen angestrebt wird, nicht um ihrer Wirkung auf die Partnerschaft oder Ehe willen.

Wer wirklich ernsthaft an seiner Genesung arbeitet, protzt nicht mit seinen Anstrengungen, um bei anderen Eindruck zu schinden. Wenn Sie glauben, ihm beweisen zu müssen, wie sehr Sie sich verändert haben, sollten Sie aufpassen, daß Ihre «Genesung» nicht nur eine weitere Drehung in dem verhängnisvollen, erdrückenden Tanz wird, den Sie beide verbissen miteinander tanzen.

15. August

Wenn Sie von Kind auf immer nur für andere sorgen und sie verstehen mußten, haben Sie vermutlich nie gelernt, für sich selbst zu sorgen und sich selbst zu verstehen.

16. August

Wenn Sie aus chaotischen Familienverhältnissen kommen, finden Sie als Erwachsene eine Begegnung um so aufregender und reizvoller, je komplizierter sie ist.

17. August

Solange wir uns nur um den Zustand unserer Beziehung zu einem anderen Menschen kümmern, anstatt eine Beziehung zu unserem eigenen Inneren zu entwickeln, wird unsere Fähigkeit zur Intimität nicht wachsen.

18. August

Wir müssen unser inneres Wesen akzeptieren und lieben, bevor wir einen anderen Menschen so nah heranlassen können, daß er uns erkennen und lieben kann.

19. August

Keiner tritt auf uns,
wenn wir nicht am Boden liegen.

20. August

Verändert ein Mitspieler seine Position, so verändert sich automatisch die gesamte Struktur der Beziehung oder Familie. Daher ändern wir unsere Situation am besten, indem wir uns selbst ändern.

21. August

Leider finden sich viele von uns lieber mit einem ungesunden Status quo ab, als den Schritt zu Veränderungen zu wagen, die unsere Lebensqualität verbessern würden.

22. August

Sie müssen sich darüber klarwerden,
daß Ihre Beziehung enden kann,
wenn Sie aufhören, zu sehr zu lieben.

23. August

Manchmal wird die Leere in Ihnen so tief sein, daß Sie fast spüren können, wie der Wind durch die Stelle bläst, an der Ihr Herz sein müßte. Nehmen Sie diese Leere an und seien Sie gewiß, daß Sie sich nicht immer so fühlen werden. Allein dadurch, daß Sie stillhalten und in sich hineinspüren, beginnt sich ihr Inneres langsam mit der Wärme der Selbstakzeptanz zu füllen.

24. August

Das Leben wird in dem Maße besser, wie wir mit uns selbst in Einklang kommen.

25. August

Wenn wir genesen, wird es uns wichtiger sein, unsere innere Ausgeglichenheit zu bewahren, als Mitleid zu erregen oder Rache zu nehmen.

26. August

Eine Ehe, die als Lösung für alte Probleme und alten Schmerz gedacht war, wird oft zum größten, schmerzlichsten Problem von allen.

27. August

Wenn Ihr Partner gewalttätig gegen Sie ist, sollten Sie erwägen, das Konzept der Beziehungssucht, mit ihren Wurzeln im Kindheitstrauma und dem Drang, vergangenes Unrecht wiedergutzumachen, auf sich selbst und Ihre Situation zu übertragen. Auf diese Weise werden Sie Ihre eigene Genesung beginnen können, anstatt darauf zu warten, daß er sich ändert.

28. August

Durch die Arbeit des Verzeihens lernen wir jene Lektion, für die unsere Seele dieses Leben ausgesucht hat.

29. August

Unsere Genesung erfordert viel Zeit und Mühe und Engagement, aber weiterhin zu sehr zu lieben kostet uns noch sehr viel mehr.

30. August

In einer Selbsthilfegruppe, in der keiner der Experte ist und alle gleichgestellt sind, ist jeder selbst verantwortlich dafür, die Wahrheit für sich zu finden.

31. August

Zu lernen, wie man sich mit einem Partner sexuell auf einer innigen, anstatt auf einer rivalisierenden und im Grunde feindseligen Basis verständigt, ist für viele beziehungssüchtige Frauen ein hartes Stück Arbeit.

1. September

Von allen Süchten
wird die Sucht nach der Beziehung
am stärksten romantisch verklärt.

2. September

Sexuelle Begegnungen müssen für Genesende von der Sucht des Zu-sehr-Liebens auf der Zärtlichkeit echter Zuneigung zu einem anderen Menschen und auf dem Reiz gegenseitiger Intimität beruhen. Sie sollten niemals der verzweifelte Versuch der Eroberung eines unmöglichen Liebhabers sein.

3. September

Vor der Genesung glauben wir, es ginge darum, ob wir gehen oder bleiben, wenn es im Grunde meist nur um Gewinnen oder Verlieren geht.

Ironischerweise wird es leichter zu gehen – sollte dies letztlich der gebotene Schritt sein –, wenn wir ein wenig genesen sind, weil Gesundwerden nicht bedeutet zu gewinnen – es bedeutet, nicht mehr mitzuspielen.

4. September

Sucht entsteht, wenn sich der Rückgriff auf eine Droge, eine Substanz oder eine Aktivität von einer freiwillig gewählten Alternative zu einem Zwang entwickelt.

5. September

Wir haben in unserer Kultur Mittel, unsere Süchte zu «maskieren», damit sie wie freie Entscheidungen und nicht wie Zwänge aussehen.

6. September

Wenn wir zu früh zuviel Verantwortung übernehmen mußten, haben wir vielleicht schon lange vorgegeben, erwachsen zu sein. Wir haben sowenig für uns selbst verlangt und soviel für andere getan, daß es nun zu spät zu sein scheint, unseren Teil einzufordern.

Aber so ist es nicht.

Lernen Sie, dafür zu sorgen,
daß Sie jetzt an die Reihe kommen.

7. September

Wir sollten unsere Suche nach Sinn, nach Identität und nach Verstehen auf einer spirituellen Ebene betreiben, nicht auf der Beziehungsebene.

8. September

Die meisten Frauen, die zu sehr lieben, haben die große spirituelle Lektion des Mitgefühls schon gelernt. Tatsächlich *übertreiben* es viele von uns mit dem Mitgefühl. Wir wollen für andere tun, was sie eigentlich selbst für sich tun müßten.

Wir sind jetzt reif für die nächste große spirituelle Lektion: die Ablösung. Wir müssen lernen, uns – mit Liebe und Mitgefühl – von denen zu lösen, deren Leben wir zu kontrollieren versuchen.

9. September

Ganz typisch für die Beziehungssucht ist das Bedürfnis, andere zu kontrollieren und dies als Hilfsbereitschaft zu maskieren.

Wenn wir zu sehr lieben und uns davon heilen wollen, müssen wir aufhören, nach Wegen zu suchen, wie wir anderen helfen können.

10. September

Wenn wir aufhören,
uns in bestimmter Weise darzustellen,
nur um die Anerkennung
und Liebe anderer zu gewinnen,
beginnen wir zu lernen,
wer wir wirklich sind.

11. September

Wenn wir bereit sind, einem anderen Menschen zu verzeihen, erlangen wir plötzlich all das Verständnis für dessen Situation, das wir dazu brauchen.

12. September

Spiritualität, wie Nächstenliebe, beginnt bei uns selbst. Vielleicht denken wir, wir könnten unsere spirituelle Seite besser entwickeln, wenn wir weniger Probleme hätten und mehr Zeit, über tiefe Wahrheiten zu sinnieren. Doch gerade in der Auseinandersetzung mit den Problemen und Bedrängnissen des Lebens kommen unsere Charakterschwächen ans Licht und werden durch harte Arbeit schließlich abgemildert.

Letztlich werden wir toleranter, mitfühlender, verständnisvoller, unabhängiger und weniger eigenwillig, ängstlich, bestimmend und kontrollierend, weil uns gar nichts anderes übrigbleibt, wenn wir einigermaßen gelassen in der emotionalen Arena des Lebens überleben wollen.

Das ist spirituelle Entwicklung.

13. September

In dem Maße, in dem wir lernen,
die Menschen so zu akzeptieren,
wie sie sind, gelingt es uns auch besser,
diejenigen auszusuchen, die gut für
uns sind, und die anderen mit unse-
rem Segen ihrer Wege zu schicken.

14. September

Wenn wir das erste Mal niederknien, suchen wir meist verzweifelt nach Hilfe.

Dann wird demütiges Beten zu einem geschätzten Teil unserer Bemühungen, Führung zu erhalten, damit wir so leben können, wie es uns bestimmt ist.

Weil wir erkennen, welch wertvolle Rolle das Beten für unser spirituelles Erwachen gespielt hat, gelingt es uns schließlich, für genau die Probleme, die uns ursprünglich auf die Knie gezwungen haben, Dank zu sagen.

15. September

Um gesund zu werden, müssen Sie sich eventuell von dem Irrtum lösen, daß das hohe Maß an sexueller Anziehung oder Lust bei Ihnen etwas mit Liebe zu tun hat oder jemals zu tun hatte.

16. September

Wenn wir in einem bestimmten Bereich erhebliche Fortschritte gemacht haben, stellt uns das Leben mitunter vor eine Prüfung, in der wir zeigen müssen, ob wir unsere Lektion wirklich gelernt haben – ähnlich einem Abschlußtest am Schuljahresende, den wir bestehen müssen, um auf die nächste Stufe unserer Ausbildung vorrücken zu dürfen.

Zum Beispiel sind Sie gerade erst über einen Mann hinweggekommen, da ruft er Sie an – und Sie möchten ihn am liebsten sehen, um ihm und sich selbst zu beweisen, daß es endgültig aus zwischen Ihnen ist. Dies ist ein gefährlicher Schritt. Um diesen Test zu bestehen, wird nicht von Ihnen gefordert, ihn zu sehen und dieses Treffen mit intaktem Herzen zu überleben. Es wird von Ihnen vielmehr verlangt, daß Sie ganz darauf verzichten, ihn zu sehen.

17. September

Wenn wir unser Leben ändern wollen, ist es wichtiger, unsere Einstellung zu ändern, als unsere Lebensumstände zu ändern. Ohne die Änderung unserer Einstellung ist es nämlich sehr unwahrscheinlich, daß sich unsere Lebensumstände jemals ändern.

18. September

Sieht man von der körperlichen Mißhandlung und/oder seelischen Demütigung ab, verkörpert die gewalttätige Beziehung mit der ihr eigenen Intensität am besten unser kulturelles Bild vom Ausdruck «wahrer Liebe».

Keine Frau in einer stabilen, gesunden Beziehung wird jemals so intensiv von ihrem Partner umworben wie die mißhandelte Frau in den Euphoriephasen des Gewaltsyndroms.

Die mißhandelte Frau läßt sich unter anderem davon ködern, daß sie sich in der sogenannten Flitterwochenphase nach den Gewalttätigkeiten stark und mächtig fühlt und die Kontrolle über ihren Partner zu haben glaubt.

Das Bedürfnis, den Gewälttäter zu kontrollieren, ist häufig für das Opfer das stärkste Motiv, an der Beziehung festzuhalten.

Wenn Sie von Ihrem Partner mißhandelt werden, sind Sie süchtig nach der Beziehung, und zwar in einer lebensbedrohlichen Form. Für diese Krankheit gibt es ein Genesungsprogramm.

19. September

Es ist wichtig, daß wir unsere Fehlschläge als lehrreiche Erfahrungen begreifen – ja, mehr noch, als unseren Weg zu Gott. Denn nicht das, was wir gut machen, führt uns schließlich zu spiritueller Ergebenheit, sondern das, was wir absolut nicht schaffen.

20. September

Genesung von der Krankheit des Zu-sehr-Liebens ist etwas für diejenigen, die es *wollen*, nicht für diejenigen, die es *müßten*. Die meisten Frauen *müßten* sich von all den großen und kleinen Fehlhaltungen befreien, mit denen sie sich selbst und anderen schaden, indem sie Dinge erzwingen, Menschen und Ereignisse zu steuern und zu kontrollieren versuchen, Tatsachen verleugnen und sich von ihrem Eigenwillen leiten lassen. Doch die wenigsten von uns *wollen* mehr an sich selbst arbeiten als an einem anderen Menschen. Also versuchen wir – anstatt zu ändern, was wir ändern können – weiterhin Dinge zu beeinflussen, die wir nicht ändern können.

21. September

Jedes Problem ist ein Pfad zu Gott,
von unserer Seele dazu erdacht, unsere
Aufmerksamkeit auf sich zu lenken.

22. September

Wenn unsere Genesung zu unserer *obersten* Priorität wird, wenn wir ihr, statt unserem Partner, unsere ganze Aufmerksamkeit widmen, dann kommt uns unser höheres Selbst zu Hilfe und tut für uns, was wir alleine nicht schaffen.

23. September

Wenn etwas oder jemand nicht so ist, wie wir es gern hätten, können wir angesichts dessen entweder gelassen bleiben oder uns emotional in die Sache hineinsteigern und daran aufreiben.

Gelassenheit gestattet uns, unsere Würde zu wahren, unsere Selbstachtung zu stärken und unseren Seelenfrieden zu vertiefen.

Maßloses Nörgeln, Schimpfen, Schreien, Weinen, Bitten, Toben und Drohen beschert uns nichts als einen Katzenjammer danach, wie andere Exzesse auch.

24. September

Heilung geschieht durch einen Bewußtseinswandel, einen Herzenswandel.

Heilung geschieht durch Vergebung – vor uns selbst, vor dem Leben und vor Gott.

Heilung geschieht, wenn wir unsere Vorstellungen davon, was sein *sollte,* aufgeben und bereit sind, zu akzeptieren und irgendwann sogar zu schätzen, was einfach *ist.*

25. September

Jede Krankheit, jede Verletzung, jedes Leid dient letztlich der Reinigung und Läuterung.

Auch wenn wir vielleicht nicht immer so ganz verstehen, wie dies vor sich geht, läßt uns das Bewußtsein um diese Wahrheit so manchen wertvollen Dienst erkennen, den unsere Schwierigkeiten uns erweisen.

26. September

Körperliche Krankheiten können als Fingerzeig auf unsere seelischen Ausweichmanöver dienen. Sie warnen uns, daß es da ein Problem gibt, das angegangen werden muß, und sie machen die Verdrängung dieses Problems so schmerzhaft, daß wir darauf aufmerksam werden.

Durch die Symptome, die er zeigt, kann unser Körper auf das hindeuten, was immer wir zu leugnen versuchen.

27. September

Die Struktur Ihres Lebens ist nicht so leicht zu sehen, während Sie mittendrin stecken.

Vertrauen Sie nicht nur darauf, daß es eine Struktur *gibt* und daß sie schön ist, sondern auch darauf, daß sie um so schöner wird, je mehr Sie darauf vertrauen.

28. September

Jede schwierige Situation im Leben ist ein Test, und mit uns selbst entwickeln sich auch unsere Tests immer weiter – von Situationen, die unseren physischen Mut auf die Probe stellen, hin zu solchen, die unseren moralischen Mut, unsere persönliche Integrität und unsere Fähigkeit zur Selbsterkenntnis prüfen.

Keine dieser Prüfungen ist leicht, aber wenn wir sie einmal bestanden haben, müssen wir sie niemals wieder *auf derselben Ebene* wiederholen.

Wenn es so aussieht, als begegne uns ein und derselbe Test von neuem, haben wir entweder die Lektion noch nicht gelernt oder wir lernen sie jetzt auf einer tieferen, grundlegenderen Ebene.

29. September

Denken Sie daran, daß es so lange mit uns abwärtsgeht, wie es nicht aufwärtsgeht, daß wir erst ganz tief in das Problem hineinrutschen müssen, *damit* wir uns schließlich in seine Überwindung ergeben – was immer dies bedeuten mag.

30. September

Jede situative Herausforderung ist auch eine spirituelle Herausforderung. Je größer die Herausforderung, desto größer das *Potential* für spirituelles Wachstum.

1. Oktober

Unsere Seele läßt uns nicht selbst über das Muster unseres Lebens entscheiden. Sie weiß, was wir erfahren müssen, und sie sorgt dafür, daß wir diesen notwendigen Erfahrungen begegnen – ohne unsere bewußte Zustimmung.

Aber wir haben einen Einfluß darauf, *wie* wir diesen Erfahrungen begegnen. An diesem Punkt kommt unser freier Wille ins Spiel.

2. Oktober

Sind Sie bereit, ähnlich dem Alchimisten, der Gold aus unedlen Metallen zu gewinnen versucht, Kostbares auch unter den trübsten und entmutigendsten Aspekten Ihres Lebens zu suchen?

Wenn ja, so *werden* Sie es finden, darauf wartend, bewußt von Ihnen entdeckt zu werden.

3. Oktober

Viele, viele Frauen, die zu sehr lieben, entdecken, daß diese Besessenheit von einem anderen Menschen in ihrem Lebensalltag rund neunzig Prozent oder mehr dessen ausmacht, was sie denken, fühlen, wie sie sich verhalten und wofür sie ihre Energie verwenden. Nur zehn Prozent ihres Selbst bleiben für *alle anderen* Aspekte ihres Lebens übrig.

4. Oktober

Tief im Morast unserer Probleme und unserer Verzweiflung wünschen wir uns vielleicht eine glücklichere Vergangenheit und positivere gegenwärtige Lebensumstände.

Für unsere spirituelle Entwicklung aber bilden Kontrahenten und Widrigkeiten eine notwendige Kontrastfläche, vor der wir uns abheben müssen, um zu wachsen und all das zu entfalten, was in uns steckt.

5. Oktober

Manche Eltern beschenken uns mit den willkommenen Gaben Liebe, Sicherheit, Verständnis und Unterstützung, während andere uns weitaus weniger willkommene und aufbauende Eigenschaften und Umstände bieten. Doch auch diese sind Geschenke.

In der Familie, aus der Sie kommen, hat Sie vielleicht …

- eine kalte, gleichgültige Mutter gezwungen, nicht zu klammern und früh auf Ihren eigenen Füßen zu stehen, oder …
- ein kritischer und mißbilligender Vater veranlaßt, im Streben nach seiner Anerkennung Herausforderungen anzunehmen, an denen Sie sich sonst nie versucht hätten, bis Ihnen eines Tages klarwurde, welch unglaubliche Leistungen Sie vollbracht haben, oder …
- eine Mutter oder ein Vater mit subtilen Mitteln der Grausamkeit dafür sensibilisiert, wie leicht ein Wort, ein Blick oder eine Geste verletzen können, und nun sind Sie

im täglichen Leben so bewußt mitfühlend, wie Sie es sonst nicht gewesen wären.

Während Sie sich also wünschen mögen, Sie hätten eine idealere Kindheit gehabt, sollten Sie sich auch bewußtmachen, daß nichtperfekte Eltern und Umstände wahrscheinlich für den nötigen Druck sorgten, der Sie zu jenem Grad an Reife, Entwicklung und Verständnis geführt hat, den Sie heute erreicht haben.

6. Oktober

Seine Spiritualität zu entwickeln erfordert *Bereitwilligkeit*, nicht Glauben.

Oft kommt mit der Bereitwilligkeit auch der Glauben.

Wenn Sie den Glauben nicht wollen, kommt er vermutlich auch nicht, aber mit einer spirituellen Übung werden Sie dennoch zu mehr Gelassenheit finden als je zuvor.

7. Oktober

Ob Sie an Gott glauben oder nicht, und wenn ja, ob Sie mit ihm im Gespräch sind oder nicht – in jedem Fall können Sie Ihre Spiritualität entwickeln.

Finden Sie heraus, wodurch Sie inneren Frieden und Gelassenheit erlangen, und üben Sie sich jeden Tag darin, mindestens eine halbe Stunde. Diese Übung kann und wird Ihnen Erleichterung und Trost bringen.

8. Oktober

Wenn Sie über ein schmerzliches Ende einer Beziehung so schnell und schonend wie möglich hinwegkommen wollen, tun Sie folgendes:

Jedesmal, wenn er Ihnen in den Sinn kommt, beten Sie so aufrichtig wie möglich für sein größtes Wohl.

Punkt.

Versuchen Sie nicht zu definieren, was für ihn das größte Wohl ist, zum Beispiel, daß er erwachsen wird oder daß er erkennt, wie gut Sie für ihn waren, oder daß er aufhört zu trinken oder daß er seine neue Freundin verläßt und zu Ihnen zurückkehrt. Sie können nicht wissen, was für ihn das größte Wohl ist – nur Gott weiß das.

Auch wenn Sie früher Jahre brauchten, um über eine gescheiterte Beziehung hinwegzukommen, werden Sie erstaunt sein, wie schnell Sie mit diesem Ansatz geheilt sind.

9. Oktober

Wenn wir den Grad unserer Liebe
am Grad unserer Qualen messen,
lieben wir zu sehr.

10. Oktober

Die schlechte Nachricht lautet: Es gibt keine Abkürzungen, wenn wir aus dem Muster des Zu-sehr-Liebens herauskommen wollen.

Wenn Sie beschließen, daß Sie sich wirklich verändern wollen, dann erfordert dies – wie jede therapeutische Veränderung – jahrelange Arbeit und nichts weniger als Ihr ganzes Engagement.

Die gute Nachricht lautet: Wenn Sie sich für den Genesungsprozeß entscheiden, *werden* Sie sich von einer Frau, die einen anderen Menschen so sehr liebt, daß es schmerzt, zu einer Frau entwickeln, die sich selbst ausreichend liebt, daß sie dem Schmerz ein Ende setzt.

11. Oktober

Wenn Sie am liebsten zum Telefon greifen und diesen unmöglichen Mann anrufen möchten, dann kämpfen Sie den gleichen Kampf mit sich wie ein Alkoholiker, der am liebsten zu einem Drink greifen möchte.

12. Oktober

In jedem Menschen steckt ein unglaublich starkes Bedürfnis, auch der katastrophalsten emotionalen Beziehung noch ein glückliches Ende abzuringen. Für eine Frau, die zu sehr liebt, kann dieses Bedürfnis sehr gefährlich, ja lebensbedrohlich sein.

13. Oktober

Als Frauen, die zu sehr lieben, glauben wir gerne, wir seien zu tiefer Intimität fähig, auch wenn es unser Partner nicht ist. Doch wir alle neigen dazu, uns jemanden als Partner auszusuchen, der zu dem gleichen Grad an Intimität fähig ist wie wir selbst.

Wenn unser Partner echte Nähe nicht ertragen kann, so sind wir vermutlich mit diesem Menschen zusammen, weil wir es auch nicht können. Da wir Nähe eigentlich als bedrohlich empfinden, fällt es uns leichter, sie uns weiterhin zu wünschen, als tatsächlich mit ihr zu leben.

Merkwürdig, sobald wir aufhören, den Partner als «das Problem» zu definieren, wird ganz allmählich mehr Intimität zwischen uns möglich.

14. Oktober

Unsere Aufgabe bezieht sich stets auf uns selbst, darauf, unsere eigene Einstellung zu ändern.

15. Oktober

Wenn Sie ein Selbsthilfebuch lesen und alle Passagen unterstreichen, von denen Sie glauben, daß sie *ihm* helfen könnten, dann lieben Sie zu sehr.

16. Oktober

Manchmal, auch lange nach einer Trennung noch, drängt es uns herauszufinden, wie es unserem früheren Partner geht – was er tut, mit wem er zusammen ist (falls überhaupt) usw.

Es ist eine spirituelle Gesetzmäßigkeit, daß sich uns das, was wir wissen sollen, *ohne unser Zutun* enthüllt. Wir sollten klugerweise auf das Zeitgefühl unserer Seele und auf ihre Methoden bei solchen Enthüllungen vertrauen.

Alles andere läuft wieder darauf hinaus, daß wir Ereignisse forcieren, und das gehört zu unserer Krankheit.

17. Oktober

Indem wir den anderen so akzeptieren, *wie er ist*, ermöglichen wir ihm, sich zu ändern, *wenn er dies will.*

18. Oktober

Die meisten von uns haben die Fähigkeit, als Individuen viel glücklicher und erfüllter zu sein, als wir denken. Oftmals beanspruchen wir dieses Glück nur nicht für uns, weil wir glauben, das Verhalten *eines anderen* würde uns davon abhalten. Wir ignorieren unsere Pflicht, uns selbst weiterzuentwickeln, indem wir planen, manövrieren und manipulieren, um den anderen zu ändern. Und wir sind verärgert, frustriert und deprimiert, wenn unsere Bemühungen nichts fruchten. Der Versuch, den anderen zu ändern, ist frustrierend und deprimierend, doch es ist beglückend, jene Macht einzusetzen, die uns gegeben ist, unser eigenes Leben zu verändern.

19. Oktober

Eine Frau, die ihre Beziehungen als Droge benutzt, wird dies ebenso verleugnen wie jemand, der nach einer chemischen Droge süchtig ist. Sie wird sich auch ebensosehr dagegen sträuben und davor fürchten, sich von ihrem zwanghaften Denken und ihrem emotional überfrachteten Umgang mit Männern zu lösen.

20. Oktober

Die vordringlichste Krankheit einer Frau, die zu sehr liebt, ist ihre Sucht nach dem Schmerz und der Vertrautheit einer frustrierenden Beziehung. Sicher, dazu kommt es durch lebenslange Muster, die bis in die Kindheit zurückreichen. Doch sie *muß* sich zuallererst mit den Mustern in der Gegenwart beschäftigen, damit sie genesen kann. Es spielt keine Rolle, wie krank oder grausam oder hilflos ihr Partner ist. Sie muß einsehen, daß jeder ihrer Versuche, ihn zu ändern, ihm zu helfen, ihn zu kontrollieren oder ihm die Schuld zu geben, eine Manifestation ihrer Krankheit ist und daß sie mit diesem Verhalten aufhören muß, bevor sich andere Dinge in ihrem Leben verbessern können. Ihre einzige legitime Arbeit ist die an der eigenen Person.

21. Oktober

Vielleicht stellen Sie fest, daß es nicht mehr viel zu reden gibt, sobald das ewige Überreden, Zanken, Drohen, Streiten und Versöhnen ein Ende hat. Das kommt daher, weil Sie die ganze Zeit eine Beziehung mit dem Mann hatten, der er in Ihren Augen sein könnte, sein sollte und – mit Ihrer Hilfe – auch sein würde, anstatt mit dem Mann, der er wirklich ist.

22. Oktober

Davon loszukommen, über andere zu bestimmen und sie zu kontrollieren, bedeutet unter anderem, sich von der Identität des «Helfers» zu befreien. Paradoxerweise ist aber gerade diese Loslösung häufig die hilfreichste Tat, die Sie für den geliebten Menschen tun können. Der Helferkomplex ist ein Egotrip. Wenn Sie wirklich helfen wollen, befreien Sie sich von den Problemen des anderen und helfen Sie sich selbst.

23. Oktober

Wenn Sie merken, daß Sie in einem Kreislauf der Anschuldigungen, Widerlegungen, erneuten Vorwürfe und Gegenvorwürfe stecken, bei dem keiner jemals gewinnen kann, hören Sie auf damit. Hören Sie auf, alles so hinbiegen zu wollen, wie Sie es sich wünschen, indem Sie sich nett, zornig oder hilflos verhalten. Hören Sie auf, gewinnen zu müssen. Hören Sie auf, überhaupt kämpfen zu müssen oder ihn dazu zu bringen, Ihnen einen guten Grund oder eine Entschuldigung für sein Verhalten oder seine Versäumnisse zu geben. Hören Sie auf, ihn reumütig sehen zu wollen.

24. Oktober

Die meisten von uns, die zu sehr lieben, geben ständig anderen die Schuld für das Unglück in unserem Leben und leugnen die eigenen Fehler und die eigene Mitverantwortung. Diese ebenso verlockende wie gefährliche Lebenshaltung muß radikal beseitigt werden, und zwar dadurch, daß wir uns eingehend, kritisch und ehrlich mit uns selbst befassen. Nur wenn wir unsere Probleme und Fehler (und unsere guten Seiten und Erfolge) als die *unsrigen* anerkennen, anstatt sie irgendwie in Beziehung zu anderen zu setzen, können wir anfangen zu ändern, was geändert werden muß.

25. Oktober

Seien Sie bereit, jede Woche mindestens eine völlig neue Aktivität auszuprobieren. Betrachten Sie das Leben als ein Büffet, und picken Sie sich viele verschiedene Leckerbissen heraus, um zu entdecken, was Ihnen am besten schmeckt.

26. Oktober

Zu entwickeln, was in Ihnen selbst entwickelt werden muß, bedeutet, daß Sie nicht darauf warten dürfen, bis Ihr Partner sich ändert, bevor Sie etwas aus Ihrem Leben machen. Anstatt also Ihre Pläne von seiner Kooperation abhängig zu machen, sollten Sie so planen, als wären Sie auf sich allein gestellt. Überlegen Sie, wie Sie etwas angehen würden, wenn Sie ihn gar nicht kennen würden. Sie werden viele interessante Wege finden, Ihr Leben in Ihrem Sinne zu verändern, wenn Sie aufhören, sich von ihm abhängig zu machen, und statt dessen alle anderen Optionen nutzen, die Sie haben.

27. Oktober

Wenn Sie viele seiner grundlegenden
Eigenschaften, Wertvorstellungen und
Verhaltensweisen nicht mögen,
sie aber hinnehmen, weil Sie glauben,
er würde sich für Sie ändern, wenn Sie
nur attraktiv und liebevoll genug sind,
dann lieben Sie zu sehr.

28. Oktober

Jede ernsthafte Beziehung hat im Grunde ein unabhängiges Eigenleben und einen Zweck, der unserem Bewußtsein verborgen bleibt. Tatsächlich existieren alle Beziehungen aus einem ganz anderen Grund, als wir individuell oder kollektiv, als Gesellschaft, annehmen. Ihr wahrer Zweck ist nämlich *nicht*, uns glücklich zu machen, *nicht*, unsere Bedürfnisse zu befriedigen, *nicht*, uns selbst oder unseren Platz in der Gesellschaft zu definieren, *nicht*, uns Sicherheit zu geben …, sondern uns dazu zu bringen, aufzuwachen und erwachsen zu werden.

Aufwachen ist unangenehm, und Erwachsenwerden ist schwer. Kein Wunder, daß häufig erst der Druck einer Beziehung dies zu leisten vermag.

29. Oktober

Wenn unsere Beziehungen unser seelisches Wohlbefinden und womöglich gar unsere körperliche Gesundheit und Sicherheit gefährden, dann lieben wir wirklich zu sehr.

30. Oktober

Wenn Sie jemals festgestellt haben, daß Sie von einem Mann besessen sind, ist Ihnen vielleicht schon der Verdacht gekommen, daß die Wurzel dieser Besessenheit nicht Liebe war, sondern Angst. Frauen, die wie besessen lieben, sind voller Angst – Angst vor dem Alleinsein, Angst davor, nicht liebenswert und wertlos zu sein, Angst davor, nicht beachtet oder verlassen oder zerstört zu werden. Wir geben unsere Liebe in der verzweifelten Hoffnung, daß der Mann, von dem wir besessen sind, sich unserer Ängste annehmen wird. Statt dessen werden unsere Ängste – und unsere Obsessionen – immer schlimmer. Das geht soweit, daß es zu einer Triebkraft in unserem Leben wird, Liebe zu geben, um zurückgeliebt zu werden. Und weil unsere Strategie nicht funktioniert, versuchen wir es immer mehr, lieben wir immer mehr. Wir lieben zu sehr.

31. Oktober

Die Genesung ist keine Tür, die wir hinter einer alten Lebensweise zumachen, sondern eine, die wir täglich neu öffnen müssen und die uns zu einer reicheren Lebenserfahrung führt.

1. November

Manche Männer sind geradeso beziehungssüchtig, wie es eine Frau sein kann. Ihre Gefühle und Verhaltensweisen rühren von gleichartigen Kindheitserfahrungen und zwischenmenschlichen Dynamiken her. Doch die meisten Männer, die als Kind Schaden erlitten haben, versuchen, sich zu schützen und ihrem Schmerz zu entfliehen. Sie beschäftigen sich mit Dingen, die eher außen- als innenorientiert sind, eher unpersönlich als persönlich. Anders als Frauen lenken Männer ihre Besessenheit eher auf den Beruf, auf Sport oder Hobbys. Frauen hingegen neigen dazu, ihre Besessenheit absolut auf eine Beziehung zu konzentrieren – vielleicht gerade zu einem solchen geschädigten und distanzierten Mann.

2. November

Wir alle neigen zur Verleugnung dessen, was allzu schmerzlich oder bedrohlich zu akzeptieren wäre.

3. November

Es ist eine Ironie des Lebens, daß Frauen so mitfühlend und verständnisvoll auf das Leid im Leben einer anderen Frau eingehen können, während sie gleichzeitig so blind für (und durch) ihr eigenes Leid sind.

4. November

Richten Sie Ihre liebevolle Aufmerksamkeit weg von dem Mann, von dem Sie besessen sind, und lenken Sie sie auf Ihre eigene Genesung und Ihr eigenes Leben.

5. November

Zu-sehr-Lieben ist ein früh erlerntes und intensiv praktiziertes Muster. Es aufzugeben wird beängstigend, bedrohlich und eine ständige Herausforderung sein.

6. November

Unser Körper *kann nicht lügen.* Daher ist er ein wichtiger Gradmesser dafür, was wir *wirklich* fühlen. Manche von uns haben sich allerdings schon so sehr daran gewöhnt, sich unwohl zu fühlen, daß wir gar nicht wissen, wie es ist, ohne diese Knoten im Bauch zu leben – bis wir anfangen zu genesen.

Sobald wir uns ein wenig erholt haben und den Unterschied spüren können, wird es uns nicht mehr so leicht passieren, daß wir Dinge tun oder nach Mustern leben, die die Knoten wiederkommen lassen.

7. November

Zu sehr zu lieben bedeutet nicht, zu viele Männer zu lieben oder sich zu oft zu verlieben oder einen Menschen zu aufrichtig und tief zu lieben. Es bedeutet vielmehr, von einem Mann besessen zu sein und diese Besessenheit mit Liebe gleichzusetzen.

8. November

Alle ungesunden Beziehungen verbindet, daß beide Partner unfähig sind, über die *Kernprobleme* zu diskutieren. Es mag andere Probleme geben, über die durchaus diskutiert wird, oft bis zum Exzeß. Doch diese verhüllen häufig nur die darunterliegenden Geheimnisse, die die Beziehung dysfunktional machen. Der Grad der Heimlichkeit – also die Unfähigkeit, über diese Kernprobleme zu sprechen – ist es, gar nicht so sehr ihre Schwere, der bestimmt, wie dysfunktional eine Beziehung wird und wie ernstlich die Partner geschädigt sind.

9. November

Daß die Männer, zu denen es uns am stärksten hinzieht, immer diejenigen sind, die uns bedürftig erscheinen, wird verständlich, wenn wir uns klarmachen, daß diese Anziehung ihre Wurzel in unserem eigenen Bedürfnis nach Liebe und Hilfe hat.

10. November

Wenn zu den Bemühungen, die Sie um seinetwillen anstrengen, gehört:

- daß Sie ihm Kleidung kaufen, um sein Selbstbild aufzubessern;
- daß Sie einen Therapeuten für ihn suchen und ihn anflehen, diesen aufzusuchen;
- daß Sie ihm teure Hobbys finanzieren, damit er seine Zeit besser nutzt;
- daß Sie mit ihm umziehen und damit verbundene Nachteile in Kauf nehmen, weil «er hier nicht glücklich ist»;
- daß Sie ihm Ihr halbes oder Ihr ganzes Vermögen geben, damit er sich Ihnen gegenüber nicht minderwertig fühlt;
- daß Sie ihm ein zuhause geben, damit er sich sicher fühlen kann;
- daß Sie zulassen, daß er Sie seelisch mißhandelt, weil «er noch nie seine Gefühle ausdrücken durfte»;
- daß Sie einen Job für ihn suchen,

dann lieben Sie *wirklich* zu sehr.

11. November

Wenn wir mit Männern zusammen wären, die all das darstellten und hätten, was wir uns wünschen – wofür würden sie uns brauchen? All unser Talent (und unser Zwang) zu helfen hätte kein Betätigungsfeld. Ein Großteil unserer Identität wäre arbeitslos. Also suchen wir uns Männer aus, die nicht das sind, was wir uns wünschen – und träumen weiter.

12. November

Wirklich ungesunde Beziehungen erfüllen für uns denselben Zweck wie sehr starke Drogen. Ihre dramatischen Hochs und Tiefs bieten ähnlich wirksame Ablenkungen von uns selbst und unseren Gefühlen. Ohne einen Mann, auf den wir uns fixieren können, leiden wir unter Entzug, oft verbunden mit vielen der körperlichen und seelischen Symptome, wie sie beim echten Drogenentzug auftreten: Übelkeit, Schwitzen, Frieren, Zittern, Unruhe, obsessives Denken, Depressionen, Schlaflosigkeit, Panik und Angstzustände. In dem Bemühen, diese Symptome zu lindern, kehren wir zu unserem letzten Partner zurück oder suchen verzweifelt einen neuen.

13. November

Alle Frauen, die zu sehr lieben, haben an den Folgen seelischer Erfahrungen zu tragen, die sie dazu verleiten könnten, bewußtseinsverändernde Substanzen zu mißbrauchen, um vor ihren Gefühlen zu fliehen. Kinder von Suchtmittelabhängigen sind, was die Neigung zum Suchtmittelmißbrauch anbelangt, meist erblich vorbelastet.

Jede Abhängigkeit von einer chemischen Substanz muß *vor* der Beziehungssucht angegangen werden, weil der Gebrauch von bewußtseinsverändernden Substanzen es unmöglich macht, andere suchthafte Verhaltensweisen, einschließlich aller unserer geliebten Spielarten des Zu-sehr-Liebens, abzulegen.

14. November

Wenn Sie seine Launenhaftigkeit, seinen Jähzorn, seine Gleichgültigkeit und seine Schroffheit mit seiner unglücklichen Kindheit entschuldigen und versuchen, ihn zu therapieren, dann lieben Sie zu sehr.

15. November

Wir finden den unsteten Mann aufregend, den unzuverlässigen Mann reizvoll, den unvorhersehbaren Mann romantisch, den unreifen Mann charmant, den launischen Mann geheimnisvoll. Der zornige Mann braucht unser Verständnis. Der unglückliche Mann braucht unseren Trost. Der unzulängliche Mann braucht unsere Ermutigung und der kalte Mann unsere Wärme. Aber einen Mann, der ganz in Ordnung ist, wie er ist, können wir nicht «reparieren».

16. November

Wir alle reagieren emotional sehr stark auf Worte wie *Alkoholismus, Inzest, Gewalt* und *Sucht*, und manchmal können wir unser eigenes Leben nicht realistisch betrachten, aus Angst, diese Stempel könnten auch für uns oder für Menschen, die wir lieben, passen. Tragischerweise verhindert unsere Unfähigkeit, diese Dinge beim Namen zu nennen, oft auch, daß wir geeignete Hilfe suchen.

17. November

Eigenwille bedeutet, daß man glaubt, man selbst wisse alles am besten. Von seinem Eigenwillen abzurücken bedeutet, daß man die Bereitschaft entwickelt, stillzuhalten, offen zu sein und auf Führung für sich selbst zu warten.

18. November

Wenn wir zu sehr lieben, trägt jede sexuelle Begegnung unser ganzes Streben, diesen Mann zu verändern. Mit jedem Kuß und jeder Berührung versuchen wir, ihm zu vermitteln, was für ein besonderer und wertvoller Mensch er ist, wie sehr wir ihn bewundern und lieben. Sobald er von unserer Liebe überzeugt ist, so glauben wir zu wissen, wird er sich in sein wahres Ich verwandeln – die Verkörperung all dessen, was wir von ihm wollen und brauchen.

19. November

Allen unseren Bemühungen, einen anderen Menschen zu ändern, liegt letztlich ein selbstsüchtiges Motiv zugrunde, der Glaube nämlich, daß *wir* durch seinen Wandel glücklich würden. Es ist vollkommen in Ordnung, daß wir glücklich sein wollen. Aber wenn wir die Quelle dieses Glücks nur außerhalb von uns selbst sehen, wenn wir es in die Hände eines anderen Menschen legen, verleugnen wir damit unsere eigenen Fähigkeiten, unser Leben positiv zu verändern, und stehlen uns aus der Verantwortung, dies zu tun.

20. November

Was wir aus unserem Leben machen, ist ein Spiegel unserer tiefsten inneren Überzeugungen: Was wir glauben, wert zu sein, ob wir uns ein Recht auf Glück zugestehen, was wir glauben, im Leben zu verdienen. Wenn sich diese Auffassungen ändern, ändert sich auch unser Leben.

21. November

Erkennen Sie, was die Realität ist, und lassen Sie diese Realität zu, ohne sie verändern zu wollen. Darin liegt eine Form von Glück, welches nicht aus der Manipulation äußerer Gegebenheiten oder anderer Menschen erwächst, sondern daraus, daß man inneren Frieden entwickelt, trotz aller Herausforderungen und Schwierigkeiten.

22. November

Es gibt keine Fehler im Leben,
nur lehrreiche Erfahrungen,
also wagen Sie sich hinaus
und lernen Sie einiges von dem,
was das Leben Sie lehren will.

23. November

Wenn Sie aufhören, die Schuld bei anderen zu suchen, und selbst die Verantwortung für Ihre Entscheidungen übernehmen, eröffnen sich Ihnen alle möglichen Alternativen, die Sie nicht hatten, solange Sie sich als Opfer anderer sahen. Mit dieser Voraussetzung können Sie anfangen, jene Dinge in Ihrem Leben zu ändern, die entweder nicht gut für Sie sind oder die Sie nicht mehr befriedigen oder erfüllen. Sie können sich von Überlebtem trennen und neue Wege einschlagen, neue Vorhaben starten.

24. November

Häufig tun sich Menschen,
die eine Sucht haben,
mit ihresgleichen zusammen.
Dann versucht jeder, das Problem
des anderen zu kontrollieren.

25. November

Tun Sie jeden Tag zwei Dinge,
die Sie nicht tun möchten.
Damit überwinden Sie sich
und erweitern Ihr Bild von sich selbst
und Ihren Potentialen.

26. November

Beides, Alkoholismus und Zu-sehr-Lieben, sind Krankheiten, die in den Anfangsstadien ganz leise verlaufen. Wenn sich ihr destruktives Potential irgendwann unübersehbar manifestiert, neigen wir dazu, die körperlichen Erscheinungsformen zu betrachten und zu behandeln – die geschädigte Leber oder Bauchspeicheldrüse des Alkoholikers, die zerrütteten Nerven oder den hohen Blutdruck der beziehungssüchtigen Frau –, ohne dabei das gesamte Krankheitsbild richtig zu beurteilen. Es ist wichtig, diese «Symptome» im Zusammenhang mit den Krankheiten zu sehen, die sie erzeugt haben, und die Existenz dieser Krankheiten so früh wie möglich zu erkennen, um die fortschreitende Zerstörung der seelischen und körperlichen Gesundheit aufzuhalten.

27. November

Lernen Sie, sich zu beschenken.
Schenken Sie sich Zeit,
schenken Sie sich Aufmerksamkeit.
Wir müssen lernen,
daß wir selbst ein Quell guter Dinge
in unserem Leben sein können.

28. November

Wenn Sie davor zurückschrecken, Zeit und Geld für Ihre eigene Genesung aufzuwenden, weil es Ihnen wie Verschwendung vorkommt, dann überlegen Sie mal, wieviel Zeit und Geld Sie schon darauf verwendet haben, dem Schmerz zu entgehen, den eine unglückliche Beziehung oder ihr Ende in Ihnen verursacht hat. Zum Beispiel haben Sie getrunken, Drogen genommen, zuviel gegessen; Reisen gemacht, um allem zu entfliehen; Gegenstände (seine oder Ihre) ersetzen müssen, die bei Wutszenen zu Bruch gingen; bei der Arbeit gefehlt; teure Ferngespräche mit ihm oder mit jemandem geführt, von dem Sie sich Verständnis erhofften; ihm Versöhnungsgeschenke gekauft, sich selbst Geschenke gekauft, um leichter zu vergessen; tage- und nächtelang wegen ihm geweint; Ihre Gesundheit so sehr vernachlässigt, daß Sie ernsthaft krank wurden. Die Liste von Aktivitäten, für die Sie Zeit und Geld eingesetzt haben, weil Sie zu sehr lieben, ist vermutlich lang genug, um Ihnen ernsthaft zu denken zu geben, wenn Sie sie ehrlich betrachten. Für Ihre Genesung müssen Sie bereit sein, mindestens genausoviel einzusetzen. Aber dieser Einsatz macht sich garantiert bezahlt.

29. November

Wir beziehen unser Selbstwertgefühl daraus, was wir für uns selbst tun und wie wir unsere persönlichen Fähigkeiten entfalten. Wenn Sie bisher Ihre ganze Kraft darauf verwendet haben, anderen bei ihrer Entfaltung zu helfen, müssen Sie sich zwangsläufig leer fühlen. Fangen Sie jetzt an, Ihre eigenen Fähigkeiten zu fördern und zu entfalten.

30. November

Ihre Spiritualität zu entwickeln heißt im Grunde, Ihren *Eigenwillen aufzugeben*, also die Entschlossenheit, die Dinge so zu steuern, wie Sie es für richtig halten. Statt dessen müssen Sie akzeptieren, daß Sie vielleicht nicht wissen, was in einer bestimmten Situation für Sie selbst oder den anderen am besten ist.

1. Dezember

Ein sorgloser, verantwortungsloser Mann mag eine charmante Bekanntschaft abgeben, aber er ist nicht der Richtige für eine befriedigende Beziehung. Solange Sie sich nicht selbst gestatten können, das Leben freier und lockerer anzugehen, werden Sie darauf angewiesen sein, daß er den Spaß und die Aufregung in Ihr Leben bringt.

2. Dezember

Durch die Entwicklung Ihrer Spiritualität lernen Sie, innerlich zur Ruhe zu kommen, ohne dazu einen anderen so zu manipulieren, daß er Ihren Wünschen entspricht. Niemand braucht sich zu ändern, damit Sie sich wohl fühlen können. Indem Sie spirituelle Bereicherung finden, gewinnen Sie mehr Einfluß auf Ihr Leben und Ihr Glück und werden unabhängiger vom Tun anderer.

3. Dezember

Je weniger Sie einen Partner brauchen, desto besser werden Sie selbst als Partner – und desto gesünder wird der Partner sein, den es zu Ihnen hinzieht (und zu dem es Sie hinzieht).

4. Dezember

Die Veränderungen, die Sie in Ihrem Leben vornehmen, verlangen von Ihren Mitmenschen, daß sie sich ebenfalls ändern, was sie natürlich nur widerstrebend tun. Doch wenn Sie sich von der Entrüstung der anderen nicht beirren lassen, wird sie nicht lange dauern. Dies ist lediglich ein Versuch, Sie wieder in Ihr altes, selbstloses Verhaltensmuster zurückzudrängen, damit Sie wieder für andere tun, was sie selbst für sich tun könnten und sollten.

5. Dezember

Sie müssen aufmerksam lauschen, was Ihre innere Stimme Ihnen rät, und sich danach richten. Auf diese Weise, indem Sie auf Ihre eigenen Signale hören, entwickeln Sie einen gesunden Eigennutz. Bisher waren Sie vermutlich fast panisch bemüht aufzufangen, was andere Ihnen an Erwartungen signalisierten. Schalten Sie diese Signale aus, sonst werden sie Ihre eigenen weiterhin übertönen.

6. Dezember

Loslösung, ohne die Sie nicht genesen können, erfordert, daß Sie Ihr Ego von seinen Gefühlen und besonders von seinen Handlungen und deren Folgen abkoppeln. Loslösung erfordert, daß Sie ihn selbst mit den Konsequenzen seines Verhaltens fertig werden lassen, daß Sie ihm *keinerlei* Schmerz abnehmen. Sie dürfen sich weiter *um* ihn sorgen, aber Sie sorgen nicht mehr *für* ihn. Sie lassen ihn seinen eigenen Weg finden, ebenso wie Sie daran arbeiten, den richtigen für sich zu finden.

7. Dezember

Erkennen Sie, daß Sie wertvoll sind, daß Ihre Talente der Entfaltung wert sind, daß Ihre persönliche Erfüllung genauso wichtig ist wie die jedes anderen Menschen und daß Ihre Selbstverwirklichung das größte Geschenk ist, das Sie der Welt und vor allem den Ihnen nahestehenden Menschen machen können.

8. Dezember

Wenn Sie wirklich aufhören wollen, über Ihren Partner zu bestimmen oder ihn zu kontrollieren, bedeutet das auch, daß Sie aufhören müssen, ihn zu ermutigen und zu loben. Warum? Weil Sie Lob und Ermutigung höchstwahrscheinlich dafür eingesetzt haben, daß er Ihren Wünschen gemäß handelt, und somit zählt dies zu den Mitteln, wie Sie ihn manipulieren. Loben und Ermutigen kommen sehr nahe an Drängen heran, und damit versuchen Sie, Kontrolle über sein Leben zu erlangen. Denken Sie darüber nach, warum Sie ihn loben: Um seine Selbstachtung zu stärken? Das ist Manipulation. Damit er das von Ihnen gelobte Verhalten fortführt? Das ist Manipulation. Damit er weiß, wie stolz Sie auf ihn sind? Das kann eine Belastung für ihn sein. Lassen Sie ihn seinen eigenen Stolz aus seinen eigenen Leistungen entwickeln. Ansonsten laufen Sie Gefahr, eine Mutterrolle für ihn zu spielen. Er braucht nicht noch eine Mutter, und vor allem brauchen Sie in ihm kein Kind.

9. Dezember

Wenn Sie besser für Ihr eigenes Wohlergehen zu sorgen lernen, stellen Sie vielleicht plötzlich fest, daß Sie jemanden angezogen haben, der es versteht, für Ihr Wohlergehen zu sorgen. Wenn wir gesünder und ausgeglichener werden, ziehen wir gesündere und ausgeglichenere Partner an. Wenn wir weniger bedürftig werden, werden mehr unserer Bedürfnisse befriedigt. Wenn wir aufhören, den großen Wohltäter für andere zu spielen, machen wir Platz für jemanden, der uns wohltut.

10. Dezember

Die Genesung von der Krankheit des Zu-sehr-Liebens erfolgt in mehreren Phasen. Die erste Phase beginnt, sobald wir erkennen, was wir tun, und uns wünschen, wir könnten damit aufhören. Als nächstes kommt unsere Bereitschaft, uns Hilfe zu holen, gefolgt von einem ersten konkreten Schritt in diese Richtung. Anschließend treten wir in eine Phase der Genesung ein, die unseren ganzen Einsatz für unsere Heilung und unseren Durchhaltewillen verlangt. In dieser Phase beginnen wir, unser Handeln, Denken und Fühlen zu verändern. Was uns früher normal und vertraut vorkam, empfinden wir auf einmal als unangenehm und ungesund. Wir haben die nächste Genesungsphase erreicht, wenn wir anfangen, Entscheidungen nicht mehr nach unserem alten Muster zu treffen, sondern sie so auszurichten, daß sie unser Leben verbessern und unser Wohlbefinden fördern. Im Verlauf der Genesung wächst langsam und stetig unsere Selbstliebe. Als erstes hören wir auf, uns selbst zu hassen, dann werden wir uns selbst gegenüber toleranter. Als nächstes lernen wir, unsere guten Eigenschaften anzuerkennen, dann nehmen wir uns selbst zunehmend an. Am Ende entsteht echte Selbstliebe.

11. Dezember

Man kann nicht zu intelligent oder zu attraktiv oder zu charmant oder zu vornehm oder zu wohlhabend oder zu gebildet oder zu begabt oder zu erfolgreich sein, um zu sehr zu lieben.

Nichts von alledem verhütet oder verhindert die Sucht nach der Beziehung, ebensowenig wie jede andere Sucht.

12. Dezember

Mit unserer Genesung verändert sich auch unser Verhältnis zu unseren Eltern und unseren Kindern. Unseren Eltern gegenüber verhalten wir uns weniger bedürftig und weniger ärgerlich, oft auch weniger auf ihre Gunst bedacht. Wir werden sehr viel ehrlicher, oft toleranter und manchmal zutiefst liebevoller. Unseren Kindern gegenüber verhalten wir uns weniger beherrschend, weniger besorgt und weniger schuldbewußt. Wir gehen entspannter mit ihnen um und haben mehr Freude an ihnen, weil wir selbst entspannter geworden sind und mehr Freude an uns haben. Indem wir uns die Freiheit nehmen, unseren eigenen Bedürfnissen und Interessen nachzugehen, geben wir ihnen dieselbe Freiheit.

13. Dezember

Wenn wir nicht mehr zu sehr lieben, kommen uns Freunde, mit denen wir früher endlos unseren Jammer austauschen konnten, plötzlich vielleicht besessen und krank vor. Geteiltes Leid als Basis für eine Freundschaft wird durch erquicklichere gemeinsame Interessen ersetzt. Daher erleben Genesende oft, daß sich mit ihren Beziehungsmustern auch ihr Freundeskreis ändert.

14. Dezember

Egal, wie offen, großmütig und liebesfähig wir durch unsere Genesung werden, es wird immer Menschen geben, deren Wut, Feindseligkeit und Aggression uns daran hindern, in ihrer Gegenwart so zu sein. Sich ihnen gegenüber verwundbar zu machen ist masochistisch. Unsere Mauern abbauen und schließlich ganz abreißen sollten wir daher nur bei Menschen – Freunden, Verwandten oder Liebhabern –, mit denen wir eine Beziehung voller Vertrauen, Liebe, Achtung und Ehrfurcht vor diesem zarten Wesen Mensch haben.

15. Dezember

Würde das, was wir schon die ganze Zeit tun, wirklich funktionieren, brauchten wir nicht zu genesen.

16. Dezember

Wir haben nichts zu verlieren, wenn wir versuchen zu genesen. Wir ertragen bereits schrecklichen Schmerz, ohne die geringste Aussicht auf Besserung, solange wir uns nicht ändern. Was uns davon abhält, ist Angst – die Angst vor dem Unbekannten.

Lassen Sie sich durch diese Angst vor der Preisgabe dessen, was Sie Ihr Leben lang kannten, taten und waren, nicht davon abhalten, sich in einen gesünderen, reiferen, liebesfähigeren Menschen zu verwandeln.

17. Dezember

Unsere Genesung beginnt, wenn wir bereit sind, jene Energie und Mühe, die wir früher darauf verwendet haben, unsere Krankheit zu praktizieren, statt dessen für unsere Heilung einzusetzen.

18. Dezember

Wenn wir zu sehr lieben, fühlen wir uns meist zu Männern mit Problemen hingezogen. Sie müssen nicht unbedingt mittellos oder krank sein. Vielleicht sind sie unfähig, mit anderen Menschen auszukommen, oder sie sind kalt und leidenschaftslos oder vielleicht starrköpfig, selbstsüchtig, mürrisch oder melancholisch. Vielleicht sind sie auch ein bißchen wild und leichtsinnig oder unfähig, eine feste Bindung einzugehen oder treu zu sein. Oder vielleicht erzählen sie uns, sie hätten noch nie jemanden lieben können. Abhängig von unserem eigenen Hintergrund springen wir auf unterschiedliche Formen von Bedürftigkeit an. Jedenfalls springen wir darauf an, in der Überzeugung, daß diese Männer unsere Hilfe, unser Mitgefühl und unsere Weisheit brauchen, um besser mit ihrem Leben klarzukommen.

19. Dezember

Wenn es in unseren Gesprächen mit
unseren engsten Vertrauten fast immer
nur um ihn geht, um seine Probleme,
seine Gedanken, seine Gefühle,
wenn wir fast jeden Satz mit «Er . . .»
beginnen, dann lieben wir zu sehr.

20. Dezember

Wenn etwas für uns nicht gut ist,
ist es eigentlich auch für alle anderen
nicht gut.

21. Dezember

Wenn wir uns allein und verlassen fühlen, sehnen wir uns nicht einfach nach Gesellschaft, sondern nach unseresgleichen. Die stärkste und gründlichste Heilwirkung geht von Gruppen aus, deren Mitglieder sich vorgenommen haben, ehrlich miteinander über ein gemeinsames Problem zu sprechen, und die sich nach einfachen Grundsätzen und spirituellen Prinzipien selbst leiten.

22. Dezember

Es ist eine sehr hohe Form der Liebe, wenn wir zulassen, daß jemand, der uns sehr am Herzen liegt, die natürlichen Konsequenzen seines Verhaltens zu spüren bekommt, damit er daraus etwas lernt.

23. Dezember

Sie müssen verstehen, daß bei der Beziehungssucht Ausrutscher unvermeidlich sind und anfangs frustrierend häufig passieren. Jeder Tag, an dem wir abstinent sind, ist ein kostbares Geschenk und gleichzeitig eine tolle Leistung.

24. Dezember

Sobald sich unsere Selbstakzeptanz und Selbstliebe zu entwickeln und zu festigen beginnt, sind wir soweit, daß wir bewußt üben können, einfach wir selbst zu sein, ohne gefallen zu wollen, ohne zu inszenieren, nur um die Anerkennung und Liebe des anderen zu gewinnen. Doch Gefühle der Unbeholfenheit und äußerster Verletzlichkeit überkommen uns, wenn wir einfach *sind*, anstatt zu *tun*, und unseren Aktionismus aufzugeben mag uns zunächst vorkommen, als seien wir erstarrt. Doch mit der Zeit haben unsere *echten* Liebesimpulse endlich die Chance, gehört und empfunden zu werden und sich durchzusetzen.

25. Dezember

Damit Sie anfangen, vollständig zu genesen, müssen Sie als erstes lernen stillzu*halten.*

Dann müssen Sie lernen, still zu *sein.*

Wenn Sie die *Stille* hören und spüren und kennen, dann können Sie Gott hören und spüren und kennen.

26. Dezember

Humor ist ein wichtiges Kennzeichen von Genesung. Wenn wir über manche Aspekte unseres Lebens, die früher Tränen, Wut oder Verzweiflung bei uns auslösten, lachen können, sind wir definitiv auf dem Weg zu einer gesünderen Lebenseinstellung.

So trifft es wohl auf uns zu, daß für die vollständige Genesung Humor nötig ist und umgekehrt, daß echter Humor eine Genesung voraussetzt.

27. Dezember

Wenn Sie die Verantwortung für sich und Ihr Lebensglück selbst übernehmen, ist dies eine große Befreiung für die Kinder, die sich für Ihr Unglück schuldig und verantwortlich fühlten (was sie immer tun). Ein Kind hat keinerlei Hoffnung, jemals etwas ausgleichen oder seine Schuld zurückzahlen zu können, wenn die Mutter ihr ganzes Leben, ihr Glück und ihre Erfüllung für das Kind oder die Familie geopfert hat. Ein Kind, das sieht, wie seine Mutter das Leben auskostet, fühlt sich berechtigt, dasselbe zu tun, ebenso wie eine leidende Mutter dem Kind suggeriert, daß es im Leben immer nur um Leid geht.

28. Dezember

Um gesund zu werden, müssen Sie sich ändern – aber wenn Sie zu sehr versuchen, zu vieles zu schnell zu ändern, sorgen Sie höchstwahrscheinlich nur dafür, daß Sie sich niemals wirklich ändern.

Wenn Sie beten, daß Ihnen geholfen werde, sich zu verändern, beten Sie auch, daß es Ihnen gelingen möge, geduldig zu warten, während sich die Veränderungen vollziehen.

29. Dezember

Der Lauf der Dinge in unserem Leben mag uns willkommen oder unwillkommen sein, doch ob sie letztlich Glück oder Pech bedeuten, können wir erst im Lauf der Zeit erkennen.

30. Dezember

Auch wenn alle Leserinnen dieses Buches den Hang haben mögen, zu sehr zu lieben, hat doch jede von uns ihr individuelles Muster, wie sie dies tut.

Wenn Sie Ihren ganz persönlichen Stil herausfinden wollen, achten Sie auf die gemeinsamen Themen, die sich durch Ihren Lieblingsroman, Ihren Lieblingsfilm, Ihr Lieblingslied, -gedicht, -märchen usw. ziehen. Zusammengenommen werden sie Ihnen sicherlich Aufschluß darüber geben, wie Sie das Leben und die Liebe angehen – und wie Sie zu sehr lieben.

31. Dezember

Wenn Sie sich wirklich auf dem Weg der Genesung von der Sucht des Zusehr-Liebens befinden, seien Sie versichert, daß Sie ein Wunder sind.